La Réforme

DE

L'ÉDUCATION

PAR

Isidore POIRY

Ex-Directeur-fondateur de l'École normale de Lima

BRUXELLES

J. LEBÈGUE & Cie, LIBRAIRES-ÉDITEURS

36, RUE NEUVE, 36

—

1919

La Réforme de l'Éducation

DU MÊME AUTEUR

Méthode directe et intuitive de la langue
allemande. (Ouvrage couronné par l'Acadé-
mie royale de Belgique.) 1ᵉʳ vol. 3 75
                           2ᵉ vol. 3 75

L'enseignement des langues vivantes . . . 1 00

La Enseñanza de las lenguas vivas (en espa-
gnol). 1 00

Conferencias de Metodología á los precep-
tores de Lima (id.). 2 00

La Educación Física (id.) 1 00

Les barbaries allemandes dans la province
de Luxembourg en 1914 . . . . 1 00

La Réforme

DE

L'ÉDUCATION

PAR

Isidore POIRY

Ex-Directeur-fondateur de l'Ecole normale de Lima

BRUXELLES

J. LÈBÈGUE & Cie, LIBRAIRES-ÉDITEURS

36, RUE NEUVE, 36

1919

AVANT-PROPOS

On sent que l'enseignement en général n'est pas à la hauteur des progrès scientifiques modernes, qu'il ne répond pas aux exigences de notre époque. et qu'il faut surtout lui donner un caractère plus complètement éducatif.

Pour cela, il faut en modifier la base même, les matières et les méthodes d'application.

La pédagogie proclame que l'éducation doit suivre les mêmes procédés que ceux de l'évolution de l'Humanité; la psychologie à son tour enseigne qu'il n'y a pas de perception sans mouvement, qu'à toute excitation nerveuse correspond une réaction motrice et réciproquement.

Ces seules constatations nous indiquent la voie naturelle à suivre en matière d'éducation.

Le progrès social s'opère au moyen de l'activité, il faut procéder de même en éducation.

D'autre part, au lieu d'agir uniquement sur les

nerfs sensitifs, laissant inactif l'appareil moteur, et faire ainsi des hommes sensibles, des théoriciens, des rêveurs et des poètes, nous devons agir aussi, et de préférence, sur les nerfs moteurs, pour produire l'excitation cérébrale tout en laissant le temps voulu à la réaction, afin de mieux fixer les impressions perceptives, les rendre plus sûrement réflexes et préparer plutôt des hommes d'action, des hommes de caractère et d'initiative.

C'est dans ce sens surtout, et cela conforme à l'évolution, aux données scientifiques et aux meilleurs résultats pratiques, qu'il faut songer aux réformes urgentes à introduire dans l'actuel système éducatif désuet.

Aujourd'hui, chaque individu est appelé à coopérer au bien commun; le droit à l'éducation, dont l'instruction n'est qu'un moyen, est le patrimoine sacré de tout citoyen.

Mais il n'est pas facile, en Belgique surtout, où l'esprit de tradition, l'esprit réactionnaire, a des racines plus tenaces qu'autre part, où l'on consacre difficilement les ressources nécessaires aux budgets de l'enseignement et où les idées étroites et la politique entravent jusqu'aux meilleurs progrès, de réaliser de sitôt des réformes importantes en matière d'éducation.

Les dirigeants de notre enseignement public, qui

ne sont pas toujours des hommes d'école, qui occupent presque tous leurs postes par protections, et sont ainsi assujettis à l'influence des politiciens de parti, « ce fléau des démocraties », ne peuvent guère professer de fécondes idées de progrès et de réforme, trop tenus par le conservatisme et la réaction et parfois peu au courant des questions techniques scolaires.

Aussi, il est à craindre que nous piétinions encore longtemps sur place au grand détriment des jeunes générations et de l'évolution économique et sociale de notre pays.

Appelé, il y a une quinzaine d'années, à créer, à l'étranger, la première école normale d'instituteurs d'un pays neuf, nous avons, dans le plan d'études de ce nouvel établissement, libre de toute tradition, élaboré une base toute différente de celle des écoles normales européennes. Nous avons fait de cette nouvelle école normale un institut pédagogique essentiellement professionnel, exigeant des candidats normalistes leur certificat d'études moyennes complètes, c'est-à-dire que les élèves, pour entrer à l'école, devaient posséder une solide instruction générale avant d'entreprendre leurs études spéciales de pédagogie, auxquelles nous donnions ainsi une plus grande importance.

Croyant bien agir de la sorte, non seulement

selon nos idées personnelles, mais surtout dans l'intérêt de la bonne préparation des futurs éducateurs d'un pays libre de toute tradition, qui a ses besoins et ses tendances propres, et jugeant aussi que les études normales européennes ne sont guère en rapport avec les progrès de la psychologie et de la pédagogie scientifiques contemporaines, nous nous sommes attiré les critiques et même les foudres vengeresses des éléments réaction-, naires — non des bords du Rimac, mais des rives de la Meuse et de l'Escaut — pour ne pas avoir servilement copié le programme d'études de nos écoles normales, alors qu'il est élémentaire d'adapter l'éducation aux milieux, aux temps, aux climats et aux circonstances.

Cependant, il existe aussi, chez nous, des hommes de progrès s'intéressant particulièrement à tout ce qui touche à l'évolution pédagogique, et peut-être ceux-là, tels un Ernest Solvay ou des Sluys, Buysse, Schuyten, Devogel, Elslander, Jonkheere, J. Demoor, Pastur, Vandervelde..., s'intéresseraient aux idées que nous publions ici, afin d'arriver un jour à établir de nouvelles écoles aux bases plus rationnelles. C'est surtout aux hommes de progrès que nous nous adressons.

Ixelles, le 1ᵉʳ octobre 1919.

I. Poiry.

I

Coup d'œil rétrospectif

Par éducation, on entend l'action exercée sur l'enfant, puis sur l'homme, par les circonstances naturelles et sociales qui agissent sur lui du berceau à la tombe.

L'éducation est aussi vieille que le monde; elle a commencé le jour où la première mère apprit à balbutier les premiers mots à son enfant.

Comme science, elle date du jour où un philosophe s'est demandé ce qu'elle est, quel est son but et quels en sont les moyens.

L'éducation doit être guidée, et, pour cela, il faut étudier la nature infantile et tous les meilleurs moyens de la développer en vue de faire de l'enfant un homme.

Depuis l'antiquité jusqu'à nos jours, il y a eu d'innombrables systèmes d'éducation en rapport avec les progrès de l'humanité.

L'idée pédagogique a évolué, à partir des vieilles civilisations de l'extrême Orient, à travers l'antiquité grecque et romaine, le moyen âge, en passant par Charlemagne et la scolastique, pour arriver à la pédagogie moderne, fille de la Renaissance et de la Réforme.

Dès la Révolution française, l'éducation du peuple est considérée comme une dette de la nation. Les idées de J.-J. Rousseau et de ses précurseurs, Coménius, Descartes et Locke y eurent une grande influence.

Pestalozzi (1746-1827), le premier, inaugure de fécondes expériences scolaires à Stans, à Berthoud, à Munchenbuchsee et à Yverdon et fait pénétrer ainsi les vérités pédagogiques dans la pratique, frayant des voies nouvelles.

Frœbel, le Père Girard, Herbart, Ziller, Stoy continuèrent dans la voie tracée par Pestalozzi. Herbart, surtout, esquisse et précise une théorie de l'éducation qui a ouvert les idées de réformes actuelles.

L'école anglaise et américaine, avec Stuart Mill, Alexandre Bain, Herbert Spencer et Horace Mann, apporte aussi son précieux contingent à l'histoire de l'éducation.

Les tendances sociologiques sont représentées surtout par Comte, Ward, Vincent, etc.

Aujourd'hui, le rôle de l'école est plus positif, mais apparaît surtout comme une mission sociale. Cette conception démocratique repose sur l'idée du progrès universel.

L'enfant n'est plus élevé exclusivement pour l'Etat, il l'est pour lui-même et pour la société. Et la vie étant chose compliquée, le problème de l'éducation est complexe, il embrasse l'homme et le citoyen, la famille et la collectivité, en rapport avec les progrès scientifiques, sociaux et moraux.

A côté du courant éducatif historique ou classique, il y a aussi la tendance négative ou nihiliste de Tolstoï, qui prétend que les progrès de la civilisation ne sont nullement synonymes d'accroissement de bonheur et qui, en éducation, ne veut que la liberté. D'après Tolstoï, les méthodes pédagogiques modernes ne font qu'abêtir, fausser l'esprit et altérer les aptitudes intellectuelles. Son système a fait faillite avec son école anarchique de Yasnaïa Poliana.

Entre le système nihiliste et celui de la pédagogie traditionnelle se place celui de l'éducation dite *nouvelle*, inaugurée en Angleterre par le Dr Cecil Reddie, en Allemagne par le Dr Lietz et en France par Demolins.

Ici, le savoir est mis constamment en rapport avec la nature, avec l'habileté pratique dans la cour, au jardin, aux champs, à l'écurie, à l'atelier. Il s'agit de former des hommes complets, de les adapter aux conditions pratiques de la vie qui exige qu'on se rende capable de se tirer d'affaire par soi-même.

La tendance pédagogique actuelle est la scientifique pure, celle qui base la méthode sur l'observation stricte et sur l'expérience.

Elle a pour fondement les données de la physiologie et psychologie expérimentales et de la sociologie.

« L'ancienne pédagogie, dit Binet, malgré de bonnes parties de détail, doit être complètement supprimée, car elle est affectée d'un vice radical : elle a été faite de chic, elle est le résultat d'idées préconçues; elle procède par affirmations gratuites, elle confond les démonstrations rigoureuses avec des citations littéraires; elle tranche les plus graves problèmes en invoquant la pensée d'autorités comme Quintilien et Bossuet, elle remplace les faits par des exhortations et des sermons. »

Les recherches et les travaux de Wundt, Fechner, Ebbinghaus, Kräpelin, Blum, Binet, Henry, Clavière, Courtier, Thomas, Flournoy, Féré, Mosso, Van Biervliet, Schuyten et beaucoup d'autres; les enquêtes et les statistiques *paidologiques* poursuivies dans les écoles, ont largement à contribuer à l'amélioration des méthodes didactiques. L'activité scolaire doit se modifier.

L'éducateur doit profiter de tous les courants pédagogiques, mais n'en suivre aucun à la lettre, il doit s'inspirer des circonstances; il doit surtout rendre la direction de l'enfant plus naturelle, plus libre, plus pratique; il doit suivre en cela la manifestation innée des organes en faveur du mouvement qui est la source de tout développement.

L'éducation doit adopter d'autres moyens de culture, c'est ce que nous essayons de montrer dans les chapitres suivants.

II

L'Éducation rationnelle

CONSIDÉRATIONS FONDAMENTALES

L'homme, agglomérat d'énergie, est susceptible d'éducation.

Il importe d'étudier, en dehors de son développement spontané, les moyens artificiels propres à perfectionner sa nature.

Ces moyens éducatifs varient constamment avec la civilisation; ils varient selon les temps, le climat, les individus, l'âge et les circonstances.

Les influences éducatives sur l'homme commencent même avant sa naissance et continuent jusqu'à sa mort.

Si l'enfant arrive au monde avec certaines dispositions préexistantes, l'éducation réussit à les transformer. Les progrès réalisés par l'éducation des anormaux en sont des preuves indéniables. Et peut-on affirmer qu'un seul génie aurait pu donner la plénitude de sa valeur sans l'éducation? Celle-ci joue au moins le rôle de la vapeur sans laquelle une locomotive, si ingénieuse qu'en soit la construction, ne pourrait aucunement rendre des services.

L'éducation des individus exerce sur les peuples une influence considérable; sa direction dépend de l'idée qu'on se fait de l'homme parfait. A certaines époques, l'éducation était surtout religieuse; à d'autres, le citoyen parfait était le soldat; aujourd'hui, on comprend mieux que l'éducation doit être harmonique, ne négliger aucun des côtés de la nature humaine et rester en rapport avec les milieux et les progrès de l'Humanité; elle doit être aussi sociale.

Ces idées posent le problème du système éducatif qui n'est qu'une modalité de réaction, et sa caractéristique, celle de l'activité comme seul moyen de réaliser ce long et difficile travail.

L'activité humaine s'oriente constamment vers la perfection. Elle agit généralement par des attractions et des répulsions des objets extérieurs, par l'effet du milieu, de l'exercice et du temps.

Une partie de notre perfectionnement direct, naturel, nous arrive du milieu ambiant et c'est ainsi que les notions en sont distinctes suivant la nature de ce milieu. L'habitant des pays accidentés est plus apte à gravir les côtes; celui des bords de la mer acquiert d'autres aptitudes que celui de l'intérieur des continents. Les Phéniciens étaient des commerçants parce que, enserrés dans des terres stériles, entre les montagnes et la mer, ils furent obligés de chercher sur d'autres rives leurs moyens d'existence.

L'Angleterre, « morceau de fer et de houille »,

est devenue la plus grande puissance maritime du monde, parce qu'elle a dû chercher sur les continents la sortie de ses produits naturels pendant qu'elle importait ce qui lui manquait.

C'est un principe fondamental de physiologie que l'exercice crée l'organe : plus un homme s'exerce dans la réalisation d'un acte, plus il l'acquiert avec perfection. Les métiers en sont des exemples.

Cette vérité s'applique aussi au caractère : Après une période révolutionnaire, l'esprit guerrier prit toujours un grand développement et a engendré la puissance militaire néfaste.

Les Indiens de certaines régions, vivant de gibier, sont d'admirables chasseurs à la flèche; d'autres, obligés d'emmener au loin leurs produits, portent des charges énormes et sont infatigables à la marche.

Partout les facultés de l'homme se développent spontanément, mais elles se développent surtout par l'exercice en rapport avec ses besoins.

Et l'éducation artificielle trouve là de précieuses indications.

Il importe toutefois, dans l'éducation rationnelle, de tenir compte de toutes les facultés et de les exercer harmoniquement.

Les principes d'un système éducatif rationnel consistent donc dans la continuation de l'exercice des aptitudes, dans l'ensemble des circonstances spéciales obligeant l'individu à une gymnastique réfléchie de ses facultés.

Certaines dispositions acquises par l'éducation

se transmettent aussi par hérédité. Et une fois l'aptitude acquise, elle devient une véritable seconde nature, une force infaillible.

L'ensemble des circonstances spéciales propres à la nature ou à l'entité sociale où se trouve l'individu et qui l'obligent à s'exercer dans telle ou telle activité constitue le milieu. De là, la différence d'aptitudes d'un individu à l'autre. Celui, par exemple, qui a exercé la profession de commerçant, dès son jeune âge, a une grande facilité de calcul mental et des dispositions pour les études mathématiques; les enfants d'artistes sont mieux disposés que d'autres aux études littéraires.

Ce mode d'évolution a pour conséquence immédiate la spontanéité dans les actes, car la sphère de développement de l'intelligence étant plus ample, l'individu sera plus conscient de lui-même et par suite plus maître de sa volonté.

L'embryologie démontre la différence qui existe entre les organes imparfaits des animaux en formation et les organes parfaits des êtres organiques développés par l'exercice de leurs fonctions vitales après leur naissance, mettant en évidence cette différence au cours de leur développement, son adaptation spéciale, la création en somme de nouveaux organes par un exercice approprié; et si nous adoptons le système aux êtres inférieurs, nous voyons que les organes qui existent chez les animaux supérieurs se rencontrent à l'état embryonnaire chez les animaux inférieurs. L'anatomie comparée, science qui a pour objet d'étudier les relations entre les animaux pour en fixer mieux les caractères distinctifs de leurs espèces, nous montre que lés organes du cerveau de l'homme se rencontrent chez tous les animaux qui se rapprochent de lui anatomiquement, mais beaucoup moins développé; et, au contraire, des organes à peine visibles chez les animaux supérieurs sont très développés chez des êtres inférieurs.

Recherchant la cause de cette différence, on peut assurer que dans le premier cas, l'exercice de cette fonction a développé tel et tel organe rudimentaire dans les espèces antérieures, tandis que dans le second cas, par le fait de la transition des espèces inférieures aux supérieures, certaines fonctions ont cessé et leurs organes s'en sont atrophiés.

Le système nerveux humain est un réseau infini de nerfs moteurs et sensitifs qui peut se comparer à un réseau de fils téléphoniques établissant les relations entre les diverses stations. Chaque habileté nouvelle apprise correspond à une nouvelle relation, de même qu'un fil conducteur établit le courant électrique à un point nouveau. Les relations de plusieurs organes pour une même fonction peuvent avoir chez l'homme des dispositions innées, mais par l'exercice on arrive à en créer de nouvelles.

La grande masse cérébrale dont les principaux centres résident dans le cerveau et dans lá moelle épinière renferme des éléments pour la plupart coordonnés dès la naissance, mais il y en a d'autres adaptables par l'exercice à se joindre à l'un ou l'autre centre nerveux, de manière que l'homme arrive peu à peu à établir les relations qui lui sont nécessaires ou plus agréables; ce réseau infini de relations développe des activités latentes, en un mot, est toujours susceptible d'un plus grand développement.

C'est dans ce pouvoir de développement qu'est basée l'éducation de l'homme qui a comme moyen initial l'exercice continu.

Il n'y a, en général, aucune raison d'attribuer à tel ou tel homme une supériorité inconnue, celle-ci réside dans son milieu natif et dans son éducation.

L'éducation non seulement est influencée par le milieu ambiant, mais elle est cosmopolite : un Européen élevé en Amérique devient un parfait Yankee.

Telle ou telle civilisation s'adapte à tel ou tel milieu, mais varie avec l'idéal poursuivi.

L'éducation rationnelle se base donc sur la nature et la physiologie. L'exercice en est l'essence et l'idéal la dirige à volonté.

Les peuples, comme les individus, se transforment d'après leur direction ; telle nation, comme le Japon, qui autrefois avait horreur de la guerre, a aujourd'hui transformé sa race et devient une des plus grandes puissances militaires.

Les exemples de l'Histoire et des familles prouvent que l'éducation est capable de transformer le caractère et de créer des aptitudes qui n'existaient pas, à condition qu'elle soit rationnellement dirigée.

L'erreur fondamentale de l'éducation ancienne

résidait dans la fausse conception qu'on avait de la nature humaine.

Il y a deux classes de phénomènes, les uns physiologiques, les autres psychologiques, qui constituent l'individu. La partie psychologique était considérée jadis comme l'être qui sent, pense et veut. De là, on en déduisait des règles de conduite pour la vie et des théories sur la soi-disant destinée humaine. D'après ces théories, les fonctions du cerveau n'avaient pas besoin de celles du corps. Toute la pédagogie ancienne est basée sur cette erreur et sur celle que l'homme est immédiatement responsable de ses actes. Cette conception limitait les actions humaines, ce qui donna à l'éducation son caractère disciplinaire.

Les pédagogues anciens se distinguent par l'amour de la règle et des préceptes en tout ordre de choses. Le magister *dixit* est omniscient, ses préceptes à l'emporte-pièce n'admettent aucune objection de ses élèves, tandis que la personnalité de ceux-ci n'a aucun droit de se révéler.

La conception de la pédagogie ancienne est désorientée ; elle supposait qu'il suffisait de donner des règles à suivre aux hommes dont une certaine partie seulement étaient aptes à en profiter.

Mais la règle ne constitue pas l'exercice, comme la théorie de la gymnastique ne développe pas les muscles.

Eduquer ne consiste pas à présenter à l'intelligence des connaissances utiles, mais à faire naître des habitudes, à faire acquérir des aptitudes, filles de l'exercice, qui établissent les relations et qui développent l'automatisme.

Une personne tout en connaissant bien la théorie de la natation n'arrive à nager que par l'exercice, alors que par celui-ci on arrive à la pratique même sans la théorie.

Il ne suffit pas de la simple indication des choses pour agir, il faut l'exercice qui engendre l'habitude intellectuelle et pratique, ce qui amène le perfectionnement de l'homme primitif.

C'est dans l'éducation morale qu'on percevait mieux la conséquence de cet enseignement parce qu'on supposait que l'âme simple et différente du corps pouvait subjuguer et conduire celui-ci. Cette erreur fondamentale a eu pour conséquence naturelle le retard dans l'évolution des peuples soumis à ce régime.

Enseigner la morale consistait à mettre entre les mains des élèves un cours rempli de règles et de préceptes à étudier par cœur, ainsi qu'à leur citer beaucoup d'exemples à suivre pour exciter la volonté; apprendre la grammaire consistait à étudier beaucoup de règles.

La voie en matière d'enseignement consiste évidemment dans la pratique unie à la théorie en rapport avec le degré de développement mental, de même qu'on apprend à marcher au petit enfant dès que les muscles de ses petites jambes le lui permettent.

L'œuvre du maître à l'école consiste à fournir à l'enfant les matériaux utiles à son développement et à l'y exercer progressivement; son rôle ne doit pas être celui de prôner les uns et blâmer les autres, mais bien celui d'éduquer tous ses disciples.

Jadis, on considérait l'exercice comme seul moyen de compléter l'éducation ; aujourd'hui, l'on commence à comprendre que, sans exercice, il n'y a pas d'éducation, qu'il n'y a pas de perception sans mouvement et qu'il faut combattre toute passivité chez l'enfant. Celui-ci n'est pas un réceptacle à remplir, mais un organisme à énergie dans lequel il faut développer les dispositions et tendances.

Donner, à l'école, un enseignement naturel et intuitif sans l'aide de livres, en bannir le verbiage creux et le par cœur qui débilitent l'intelligence, ne sont que des conséquences de cette idée directrice, qui est celle de substituer aux préceptes l'activité vivante et modificatrice de l'enfant.

La théorie évolutionniste de Darwin nous montre l'homme se développant en vertu d'un exercice propre, depuis le simple troglodyte jusqu'à l'individu aux progrès raffinés de notre époque de culture ; et pour arriver à ce résultat, il a fallu une lutte constante, une gymnastique continue, pendant lesquelles de nouveaux organes se sont développés pendant que d'autres inutiles se sont atrophiés.

L'homme ainsi s'est perfectionné, soit en luttant, au début, contre les géants monstres des temps préhistoriques, soit, après, en reconnaissant des religions et des rois, puis en se lançant à la conquête de la liberté de penser et, enfin, en entreprenant la conquête du droit social, et, tout cela, dans tout le cours de l'histoire du monde, en vertu d'une constante activité.

Par la sélection dans la lutte pour la vie, on a préparé l'espèce, l'éducateur ne doit pas perdre de vue cette vérité fondamentale, s'il veut donner une éducation rationnelle.

Pourquoi se séparer de la nature? Pourquoi briser ces moyens de développement en atrophiant la nature humaine pour la réduire à l'état d'automate?

Jusqu'à ce qu'on croyait que l'homme n'était qu'une entité invariable à travers les temps, l'éducation était *perceptive;* aujourd'hui, qu'on sait que l'homme est capable de se modifier indéfiniment, l'éducation doit être *active.*

III

Bases scientifiques
de l'éducation scolaire

La pédagogie doit être basée sur la nature humaine et sur la biologie. Un système d'éducation scientifique doit se conformer aux lois générales de la vie.

L'organisme humain contient de l'énergie, son fonctionnement peut être comparé à celui d'un moteur. Il importe donc d'en étudier sa force et les effets de son activité. Il est alimenté par les facteurs vitaux, l'air, la lumière et les aliments, sous l'influence de la valeur individuelle et du milieu ambiant.

La vie, qui n'est qu'une fonction chimique, se traduit en mouvement, et celui-ci, qu'il soit spontané ou volontaire, favorise et excite les fonctions vitales.

Il n'y a pas de perception sans excitation, sans mouvement.

L'exercice est donc le facteur essentiel de l'éducation.

Il importe d'observer que physiologiquement on

ne peut pas séparer le cerveau des autres organes. L'exercice, le travail, agit sur la substance nerveuse comme sur celle des muscles.

Physiologiquement, le travail musculaire et le travail intellectuel sont identiques : l'un et l'autre ne sont que des transformations, effectuées par des organes spéciaux, de l'énergie physiologique qui a ses sources dans la nutrition et dans la respiration. Tout l'organisme se trouve en action durant le travail intellectuel comme durant le travail musculaire.

L'exercice prolongé produit la fatigue qui est le résultat de la formation de substances toxiques dans les tissus baignés par le sang; c'est une auto-intoxication par les résidus de la combustion interne.

Le degré de fatigue dépend de la constitution individuelle, du milieu, de l'alimentation, de la méthode de travail, etc. Il importe de modérer la fatigue. La fatigue dans l'organisme est générale, le travail musculaire fatigue le cerveau et, réciproquement, le travail intellectuel fatigue les muscles.

Pour arriver à de bons résultats éducatifs, il faut bien établir l'exercice des facultés et le maintenir dans une sage progression.

Tenant compte de tous les facteurs qui influent sur la vitalité, la pédagogie doit établir un système d'exercices favorables au développement des aptitudes et augmenter graduellement leur degré de résistance sans jamais aller jusqu'au *surmenage.*

Le surmenage est une erreur de méthode et un délit.

Le remède à la fatigue, c'est le repos.

A l'école, on fait diversion aux travaux intellectuels par les récréations, les distractions de la vue, les jeux libres en plein air.

Les leçons de gymnastique, de travaux manuels, de dessin, de musique fatiguent le cerveau autant et parfois plus que celles des autres matières d'enseignement.

Tableau des matières du programme classées d'après le degré de fatigue qu'elles produisent.

Maximum : **100** (d'après la méthode *esthésiométrique* de Griesbach).

Mathématiques	100
Latin . . . . ,	91
Grec	90
Gymnastique	90
Histoire, Géographie . , . . .	85
Calcul	82
Langues vivantes	82
Sciences naturelles	80
Dessin, Religion, Musique . . .	77

Ce qui est très nocif à l'écolier, c'est l'immobilité prolongée; en arrivant à modifier radicalement le régime scolaire actuel, on multipliera surtout les récréations et les leçons en plein air.

Le système de combiner le plus possible le travail intellectuel avec celui des mains serait le plus approprié à la nature et devrait être adopté sans retard.

La plupart des notions nous arrivent du monde extérieur par les sens, par la simple perception exigeant le mouvement.

L'immobilité forcée et le régime de contrainte doivent être bannis de l'école pour y implanter les méthodes actives donnant plus libre cours à la personnalité de l'enfant, l'habituant à vivre dans une atmosphère de plus de liberté, formant le caractère en même temps que l'intelligence et le corps.

Aujourd'hui, l'enfant étouffe physiquement et moralement dans les milieux scolastiques désuets de nos écoles-casernes.

L'éducation a besoin du grand air, de la liberté et d'un enseignement qui s'adresse plus à l'habileté manuelle et à la raison qu'à la mémoire, afin de former des hommes de caractère à une vie d'initiative, c'est-à-dire, des hommes sains de corps, d'esprit et de volonté, capables d'une activité féconde dans tous les domaines, scientifique, artistique et économique.

L'homme vivant et travaillant en troupe, en société, il faut aussi diriger son action sociale vers le groupement uni et discipliné de la Société, de l'Humanité, régie par le droit et la justice.

*
* *

L'école actuelle, dont les éléments sont faux et par suite mauvais, ne répond plus aux conditions et aux besoins d'une éducation conçue selon les idées et les sciences de notre époque : il faut la transformer radicalement.

IV

Les locaux scolaires

Les écoles se construisent encore sur le modèle des écoles d'autrefois, où les élèves venaient exclusivement pour être instruits. C'est toujours la même disposition : un vaste préau et une cour au centre et des étages de salles de classes tout autour. Tout y est peut-être très hygiénique. Mais, dans les prisons aussi, tout est hygiénique; on n'y est pas moins en prison.

Les locaux scolaires se trouvent presque toujours enclavés dans d'autres constructions; ce sont même parfois d'anciennes maisons particulières transformées en écoles.

Les écoles, et surtout les collèges, devraient être situés en dehors des agglomérations, entourés d'espace, de pelouses et de jardins plantés d'arbres, de plaines de récréations et de jeux, d'air, de lumière et de verdure à profusion; un bassin de natation et des douches n'y manqueront jamais. Les distributions de l'eau, du chauffage central, de l'électricité et des installations hygiéniques seront les plus perfectionnées. Les salles de classes bien aérées et éclairées, à température toujours convenable, seront réparties de façon à ne jamais gêner les leçons respectives.

Le système de pavillons séparés parait le plus approprié.

Le nettoyage des planchers, des plafonds, des murs, du mobilier, des retiros, exige de grands soins journaliers; des désinfections périodiques y sont indispensables. Le mobilier et les outils pédagogiques, les installations scientifiques et cinématographiques, éléments indispensables, seront des plus soignés. Les parois seront judicieusement décorées.

Maints locaux scolaires actuels sont indignes de l'usage auxquels ils servent et certains mobiliers didactiques sont dans un état de vétusté et de malpropreté repoussant. Ce seul spectacle inouï montre quelle triste idée on a chez nous de l'éducation de la jeunesse.

Les salles de gymnastique, dont on ne fera usage qu'en cas de trop mauvais temps, les exercices physiques devant de préférence se pratiquer en plein air, seront surtout l'objet de soins hygiéniques particuliers. C'est faire un tort immense à la jeunesse de l'obliger à se livrer aux exercices corporels, ainsi que cela se fait couramment, dans des salles poussiéreuses, où planchers, parois, plafonds et appareils, jamais désinfectés, ni même pas toujours bien nettoyés à l'eau, sont imprégnés de germes nocifs rendus plus absorbables encore dans une atmosphère continuellement remuée.

Après les exercices gymnastiques journaliers, à

des heures appropriées, les élèves passeront toujours sous la douche.

Les écoles, surtout celles des grandes villes, auront toutes des installations permettant de servir aux enfants qui le demandent, un repas à midi. Les pauvres auront ce repas gratis, les autres payeront un prix modéré, ainsi que cela se pratique aux États-Unis.

Le travail physique ou intellectuel sans confort et sans une alimentation suffisante est nuisible à la santé et au développement de l'écolier.

De grands architectes ont préconisé d'ériger de véritables temples à l'école moderne, s'inspirant de la classique tradition du Parthénon et du Panthéon d'Agrippa, c'est-à-dire de l'architecture des deux peuples civilisateurs par excellence ; mais la meilleure architecture de l'éducation, c'est avant tout la Nature et la simplicité confortable.

Le plan du bâtiment scolaire dépendra des circonstances, mais il n'aura nulle part l'aspect du cloître ; en général, l'école sera gaie comme construction et comme entourage ; les plantes de toute nature qui excellent à embellir, à réconforter et à assainir y trouveront une large place. L'école dégagera un air ample de liberté, de confiance et de bonheur. L'enfant s'y sentira attiré de premier abord comme vers les bois et les champs ensoleillés, au lieu d'en ressentir, comme aujourd'hui, l'ennui et le dégoût. L'école accueillante et souriante de l'avenir, où l'enfant, choyé de son maître et affectueusement estimé de ses condisciples, se transformera agréablement en homme dans une atmosphère de sérénité et de réconfortante activité, ne sera plus la prison scolaire, mais le home joyeux de douce et sûre préparation à la vie.

Que la maison de tous, si longuement rêvée,
Surgisse, quand tes mains l'auront bien achevée,
Merveilleuse de grâce et de fraîcheur; je veux
Que l'Art et la Nature y caressent les yeux ;
Qu'elle rie au soleil, riche de feuilles vertes,
De fleurs, de bruits, d'oiseaux, et largement ouverte
Aux souffles du printemps comme aux clartés du ciel;
Que l'abeille ouvrière y façonne son miel;
Que l'hymne de la joie humaine y retentisse,
Et que tout soit beauté quand tout sera justice!

V

Véritable mission de l'école

L'éducation n'est pas et ne doit pas être une routine; c'est une évolution graduelle, constante qui doit être dirigée surtout et nécessairement par les efforts rationnels de l'école.

C'est principalement à l'école que doivent se former les membres intelligents du corps social, forts physiquement, doués des connaissances indispensables et conscients de leurs devoirs envers eux-mêmes et envers autrui.

L'éducation est le but de tous les efforts scolaires; l'instruction est un but et un moyen de l'éducation.

Par le mot *enseignement*, nous comprenons ici l'instruction et l'éducation. Enseigner, c'est donc élever.

Le vulgaire confond généralement ces termes et entend souvent par éducation, un certain vernis extérieur d'affabilité et de manières, qu'on peut même rencontrer chez l'ignorant et chez le malfaiteur. Un homme bien éduqué ou bien élevé, si l'on veut, est celui dont toutes les dispositions ont été bien et harmoniquement développées et qui, ainsi, est devenu meilleur.

Aujourd'hui, on reconnait les droits de chaque homme et la valeur, la noblesse du travail.

La tendance de la véritable supériorité humaine par le travail s'accroît de plus en plus; on n'admet plus de privilégiés par naissance, chacun est obligé de montrer des aptitudes qu'il n'acquiert que par l'éducation.

Rien ne sert à une nation d'avoir des ressources naturelles, si elle manque de bras, d'intelligences et d'hommes de volonté pour les convertir en richesses.

Il faut élargir le travail scolaire, le mettre en rapport direct avec les nécessités sociales; il faut sortir de l'abstraction et rendre les exercices de plus en plus concrets, de plus en plus pratiques.

Il faut préparer la jeunesse à l'action démocratique, à la collaboration intelligente de chaque citoyen et, pour cela, donner à l'école l'image *républicaine,* qui est l'expression la plus ample des libertés publiques qu'il a coûté si cher de réaliser à travers les siècles, L'enfant, à l'école, est le citoyen d'une république scolaire où il jouit de ses droits et remplit ses devoirs avec initiative et conscience.

L'école doit préparer l'élève dans une atmosphère de liberté, comme membre utile, actif et efficace de la société dans laquelle il vit.

Il est donc indispensable qu'elle tende à constituer elle-même une reproduction en miniature du monde social. Elle doit être dépouillée de tout faïras d'idéalisme impropre, qui la retarde et la déroute, qui la convertit en obstacle au lieu de levier de progrès et qui, en un mot, l'éloigne de la vie réelle au lieu de reproduire en elle la vie avec plus de vigueur.

Pour cela, l'enfant doit s'habituer à rencontrer à l'école les mêmes obstacles avec lesquels il aura à lutter plus tard dans la vie. Les travaux scolaires doivent présenter des problèmes réels et non des utopies.

L'éducation ne doit pas être une simple tradition, une formule à suivre, ce qui lui enlève son véritable but qui est celui de préparer pour une vie toujours plus heureuse en vue du progrès.

Convaincu que la meilleure manière d'apprendre à faire une chose est de la faire soi-même, il faut condamner complètement les stériles élucubrations d'un pseudo-intellectualisme enfermé dans les étroits moules de la tradition inepte de l'école du temps passé avec son implacable magister *dixit* et sa discipline dictatoriale, antipédagogique et inhumaine.

Une éducation basée sur une dialectique pédantesque, hérissée de sophismes, de définitions et de distinctions métaphysiques, prônée durant des siècles sous le prétexte qu'elle tendait au développement harmonique des prétendues facultés de l'âme, n'est plus en rapport avec la psychologie contemporaine qui prouve que l'intelligence développée dans un sens particulier n'acquiert pas nécessairement une aptitude générale.

L'éducation doit être appropriée, sans perte de temps et dirigée pratiquement.

Il faut en bannir la tradition et l'établir sur des principes scientifiques.

L'enseignement officiel, le principal moyen de l'éducation, reste dogmatique, autoritaire, militariste. Obéis! n'analyse pas! Le maître, les maîtres n'admettent pas les réflexions de leurs « subordonnés ». Ils sont les maîtres qui ne peuvent se tromper. Et alors, celui qui est contraint par la force ou par absence de volonté, tombe dans le « je m'en foutisme », il s'annihile.

Le chaos social économique que nous subissons, en situant les individus, non d'après leurs directions spontanées, mais d'après la situation sociale de leurs parents, étouffent en germe des quantités d'initiatives. Que d'enfants de travailleurs manuels auraient accompli de belles et grandes choses s'ils avaient pu développer toutes leurs aptitudes! ce pendant que des fils à papas, crétins (sans reproche), embarrassent les grandes écoles, et s'étiolent, ou se pervertissent, là où ils n'ont que faire. « L'honneur » des parents s'oppose à ce que leurs rejetons ne soient *que* des ouvriers.

Fausse et mauvaise direction des initiatives ou étouffement d'icelles, voilà ce que nous donne le régime éducatif actuel.

C'est principalement par l'école bien dirigée qu'on arrivera à modifier avantageusement cette direction pour la vie sociale, indépendante et progressiste.

La lutte actuelle pour l'existence est surtout

économique; il faut donc que l'école prépare les hommes et les peuples dans ce sens. A ce but doivent contribuer les Etats, les hommes d'école et les parents.

Les Etats ont pour devoir essentiel de fomenter l'éducation des masses en l'adaptant aux progrès des époques. Aucun sacrifice n'est trop grand pour y arriver.

Les personnes chargées d'éduquer, les instituteurs et les professeurs, doivent être des hommes de choix, bien préparés, largement rétribués et à l'abri de toute influence politique. Leur rôle est l'un des plus importants dans la société.

Les parents doivent contribuer à l'éducation de leurs enfants, en les envoyant régulièrement à l'école et en surveillant soigneusement leurs progrès, se tenant constamment en rapport avec les maîtres.

Former des citoyens sains de corps, d'esprit et de caractère est avant tout le rôle de l'école dans l'intérêt du bien-être individuel et social.

Mais l'école, par des méthodes plus viriles, déposera aussi dans les muscles et les nerfs de la jeunesse une dose d'énergie potentielle qui, plus tard, dans la vie se traduira en actes féconds sous l'impulsion de l'initiative personnelle et de la volonté de contribuer au bonheur commun.

C'est surtout dans le sens de l'action qu'il faut réformer l'école. L'action seule peut magnifier la vie. Il n'y a pas d'autre manière d'être que d'agir, et la pensée qui ne peut se traduire ou se fixer d'aucune manière est elle-même une pensée avortée, qui n'a pas vécu réellement et ne méritait pas de vivre.

Notre grand poète Verhaeren, dans *les Forces tumultueuses* et *la Multiple Splendeur*, prône la force, la vigueur, la puissance qu'il magnifie. Ce n'est qu'une symphonie ample, vigoureuse et enthousiaste où l'Action et l'Energie sont acclamées dans leur magique beauté de rayonnante noblesse. La vie est à monter et non pas à descendre.

A l'école d'inspirer ces idéals élevés en même temps qu'utilitaires.

VI

L'Éducation intégrale

L'éducation doit former l'homme complet par la révélation et le développement de toutes les aptitudes. Le but de l'éducation n'est pas seulement l'instruction, mais l'épanouissement de toutes les facultés. Elle est le moyen systématique de culture et le plus puissant facteur du perfectionnement social; mais il faut qu'elle soit complète et bien dirigée.

Une éducation inharmonique ou insuffisante qui ne cherche pas dans la nature la représentation réelle des idées, qui seule exerce certaines facultés déterminées ou qui se borne à donner aux prétendûment éduqués rien que les instruments du savoir, au lieu du savoir lui-même, porte dans l'esprit le désordre, débride les volontés et conduit à l'anarchie. Une éducation mal conduite fait plus de tort que de bien et rend inutiles les efforts et les sacrifices faits par les Etats à la fomenter.

La mentalité d'un peuple ne se mesure point par le nombre plus ou moins grand de ceux qui savent lire et écrire, comme on le croit généralement,

mais plutôt par le concours individuel et collectif
des individus qui, par la pleine conscience de leur
valeur morale, dépendante de leur valeur physique
et intellectuelle, remplissent consciencieusement
les devoirs que leur rôle dans la vie exige d'eux.

L'école moderne qui doit élever l'homme à son
plein développement et à sa tâche sociale n'est pas
l édifice désordonné et triste où l'on apprend simplement à répéter des signes et des paroles vides
de sens, où l'on fatigue la mémoire et où l'on fait
de l'intelligence une simple machine à répétition ;
ce n'est pas la salle silencieuse où l'enfant suc-
combe sous le pesant fardeau d'une leçon forcée ;
ce n'est pas la prison des jeunes espiègles, ni le
froid asile de pauvres vagabonds ; l'école, comme
nous la comprenons, c'est l'air, la lumière, la joie
et l'espérance. L'école doit réconforter l'enfant,
l'encourager et le réjouir, lui laissant la liberté de
déplier toutes ses ailes en un vol bien ordonné,
donnant à son activité naissante tout l'essor qu'elle
réclame.

Là, il doit apprendre à aimer et à respecter la
nature dans tout ce qui l'anime et l'embellit, dans
toutes ses manifestations et ses formes, depuis le
sol jusqu'à la montagne et les astres, depuis la
plus simple des plantes jusqu'à l'homme ; là, il
arrive à comprendre que tout ce qui vit et qui se
meut autour de lui, uni à lui-même, est quelque
chose de la mère commune, qui nourrit tous les
êtres et les réchauffe dans son sein fécond.

L'école doit être l'arbre qui abrite l'oiseau égaré,
la source pure qui le rafraîchit, le fruit doré qui

l'attire, le rameau vert où il essaye ses premières agitations, le chœur virginal et suave où s'épandent harmonieusement ses purs instincts d'amour et de sociabilité.

Mais pour que l'école soit tout cela, elle doit contenir une âme, une direction rationnelle, qui la fasse servir intelligemment et efficacement à son but élevé, celui de l'éducation intégrale et sociale. Le maître chargé de cette tâche élevée a un rôle difficile et important à remplir. C'est lui qui doit réaliser l'œuvre dans sa plus ample signification. Il reçoit l'enfant dans toute sa nudité mentale et doit le rendre à ses parents et à la société vêtu modestement, mais proprement et décemment. Il doit diriger la pensée de l'enfant depuis ses manifestations les plus ingénues, canaliser convenablement ses inclinations vagues et désordonnées, polir le rouage délicat et l'adapter à la machine commune pour le faire fonctionner utilement.

On conçoit aisément qu'une telle tâche n'est pas de la compétence du premier venu; elle exige des conditions et aptitudes spéciales de savoir, de vocation, de bonté et de caractère.

L'éducation intégrale doit donc faire de l'enfant un homme dans toute l'acception du mot et un homme utile. Un homme instruit n'est pas nécessairement un homme éduqué.

Il est évident, que la valeur de l'instruction doit être jugée d'après son mode d'acquisition, et l'on sait ce que valent et ce que durent les connaissances rapidement apprises en vue d'un examen ou d'un concours, cette instruction passagère et d'ostentation qui conduit à un diplôme.

Il importe que les connaissances soient le résultat d'un travail par lequel on exerce et on développe harmoniquement les facultés dont chacune représente une force ou une aptitude.

Malheureusement, le plan de l'éducation actuelle ne répond point à ce résultat. Aussi, l'éducation actuelle n'est pas de l'éducation, c'est une sorte de dressage de perroquet, *un malmenage des facultés*.

Et si l'on avait le courage de reconnaître les imperfections, les insuffisances, les surcharges inutiles et souvent ridicules et absurdes de l'éducation de nos jours, si l'on s'efforçait à y introduire un peu de logique en y éloignant beaucoup de préjugés, on aurait vite fait d'en comprendre la véritable signification et de la rendre plus rationnelle. Par exemple, le principal instrument de l'éducation actuelle, c'est l'acquisition de connaissances ; or, ce qui est le plus éducatif en matière de connaissances humaines, est le plus négligé ; on emploie les trois quarts du temps à l'enseignement mal fait de la langue maternelle et des mathématiques, le reste seulement sert aux sciences de la Nature et de la Vie, la science de la Terre et de l'Homme, ce qui est cependant en réalité le plus important. Aussi, ces sciences naturelles et physiques restent trop des nomenclatures ennuyeuses ; la géographie et l'histoire restent, l'une, inanimée, indéfinissable, chaotique, et l'autre, en général, une énumération ridicule, prétentieuse et fausse, au lieu d'être une description pittoresque et mobile des localités, des êtres et des choses en évolution.

Il faut soigner la substance et la graduation des menus scolaires autant que la mère s'occupe des menus de la table familiale pour que les matières ingérées soient bien assimilées.

C'est une erreur manifeste de se servir de telle et telle matière d'enseignement pour développer chez l'écolier telle et telle faculté, principe qui fait de l'éducation une simple méthode de préparation, qui a pour conséquence la décomposition la plus arbitraire de l'énergie intellectuelle et qui maintient dans les écoles des procédés discrédités.

Observer, raisonner, appliquer signifient, à l'école, répondre à des questions du maître dirigées dans un certain sens et faire ensuite un exercice écrit; mais l'élève n'a pas le droit de questionner ni de discuter! L'élève ne sait pas comment et où il est conduit par une volonté étrangère; à la suite de chaque heure de classe, il fait plus ou moins machinalement un devoir ou étudie plus ou moins par cœur une leçon qu'il doit encore réciter dans une forme prescrite, et voilà les simulacres d'une soi-disant éducation !

Et les choses se passent ainsi parce que les dirigeants et les maîtres, en général, comprennent mal l'éducation et que celle-ci n'a pas de but synthétique; un effort se fait dans un sens, un autre dans un sens opposé, l'un vient trop tôt, l'autre trop tard; il n'y a pas d'enchaînement logique dans les exercices, et les notions sont trop imposées à l'élève; on enseigne pour enseigner, sans se soucier si l'écolier comprend la raison et le but de son travail.

Le plus grand tort de cette éducation est celui d'enseigner uniquement pour instruire et de considérer l'enfant comme une machine à remplir; il faut que l'écolier apprenne quelque chose, coûte que coûte; les meilleurs professeurs de mathématiques ou autres sont, de nos jours, ceux qui terrorisent leurs disciples et arrivent, par la contrainte, à faire retenir des théories en vue d'un examen, faisant à la jeunesse le plus grand mal possible!

Aussi, les intéressés mêmes se plaignent généralement des résultats sans assez chercher les remèdes à la situation : l'enseignement supérieur s'élève contre la préparation insuffisante de l'enseignement moyen; celui-ci se plaint des écoles primaires qui, à leur tour, reprochent à l'enseignement secondaire de ne pas accorder à ses recrues une considération assez importante.

Tout le travail éducatif est à réformer; l'éducation doit être avant tout œuvre de révélation; l'enfant doit comprendre avant de retenir; les programmes doivent s'épurer de tout ce qui est inutile, tout ce qui est destiné à l'oubli, et maintenir le plus important, le plus pratique. Il faut un plan d'éducation nouveau en rapport avec les progrès scientifiques, anthropologiques et sociologiques. L'école doit préparer pour la vie. Rester stationnaire, c'est reculer.

Ceux qui pensent avec Horace Mann qu'un progrès dans l'éducation du peuple est plus productif qu'une mine et qu'un gisement de houille et que le premier capital et la première machine, c'est l'homme, admettront qu'il n'y a pas de régénération nationale'et morale sans une éducation énergique bien dirigée en vue de développer *tout* l'homme et *tout* le peuple.

Michelet formule ainsi la grande utilité sociale de l'éducation : « Quelle est la première partie de la politique? — L'éducation. La seconde? — L'éducation. Et la troisième? — L'éducation. »

L'homme aux aptitudes bien développées devient un membre intelligent et utile de la société. Il faut donc qu'il se pénètre aussi de ses devoirs sociaux; nous traiterons de l'*éducation sociale* au chapitre des œuvres postscolaires.

L'éducation intégrale doit également comprendre l'*éducation sexuelle* dont les notions feront partie des leçons d'hygiène. L'école a jusqu'ici paru ignorer qu'elle fût apte à donner ces notions délicates mais si utiles. Peut-être en a-t-elle peur, comme en ont peur, sans doute, un très grand nombre de parents. Nous croyons qu'il faut révéler aux jeunes gens, avec tact et discrétion, à partir de quatorze ans, le secret des choses de la génération et les dangers des maladies vénériennes. Ne pas le faire, c'est livrer les adolescents aux hasards impurs, aux initiations suspectes, aux prosélytismes abjects. Il faut préparer la jeunesse des deux sexes aux devoirs de la génération et aux responsabilités de la paternité et de la maternité.

En éclairant et en purifiant l'instinct sexuel, on

élève l'amour en dotant les humains de plus de dignité et partant de plus de beauté morale.

Il nous semble aussi qu'il est utile d'inspirer à la jeunesse des idées *eugéniques* en faveur de la production d'une plus belle humanité au moyen de beaux mariages. Cette science nouvelle de la sélection humaine convertit les utopies en méthode scientifique par l'étude des phénomènes de l'hérédité, des influences morbides et de transmission, tant au point de vue social que biologique. Les travaux de Mendel ont montré les appuis que fournissent à cette science la *génétique* ou étude des phénomènes de la descendance et la *biométrie* qui applique les procédés de la statistique à l'être vivant et permet de suivre la destinée d'un caractère déterminé, à travers une série de générations.

Cette science nouvelle de l'eugénique jouera par rapport à la société le rôle que la médecine joue à l'égard de l'individu.

Cette conception de l'éducation n'est pas seulement utilitaire, elle est idéaliste, en donnant à la personne humaine toute sa puissance, toute sa beauté et en faisant comprendre et aimer le but de nos efforts altruistes et largement humains en vue de la réalisation d'une vie meilleure. Cet idéal nous rapproche davantage de nos semblables, il franchit les frontières des patries et ne s'arrête point devant les distinctions des couleurs de la peau ou la différence des croyances; il traverse les océans et il réduit l'humanité à un seul être tendrement aimé tout en consolidant la notion de la solidarité entre les parties de cet organisme.

L'éducation intégrale doit révéler et mettre en jeu toutes les énergies, par conséquent développer aussi dans toutes les directions l'intérêt qui rattache l'homme à l'univers dont il dépend, à l'humanité dont il fait partie.

> Et, tout enveloppés dans la sourde matière,
> Au limon paternel retenus par les pieds,
> Vers la vie aspirant, vous la multipliez,
> Sans achever de naître en votre vie entière.

VII

L'Éducation physique

Quand on a fait d'un enfant une intelligence, propre à agir, on n'a rien fait si l'on n'a pas préparé un support vigoureux et une structure physique qui puissent soutenir la lutte.

A mesure que l'on s'est quelque peu détaché, au cours du dernier siècle, du système classique et de la forme ancienne de l'instruction, on a senti aussi de plus en plus la nécessité de ne pas abandonner aux familles les soins les plus essentiels et le développement physique de l'enfant.

Les États contemporains qui ont à réaliser la réforme nécessaire de l'enseignement et qui ont réalisé certains progrès, se sont préoccupés, dans une mesure généralement trop faible et trop secondaire, d'une éducation physique qui pût remplacer celle de jadis. Aujourd'hui, le problème se pose d'une façon impérieuse, et il importe que l'on tente de le résoudre.

Avec la question de l'enseignement, nulle n'est plus grave que celle de l'éducation intégrale.

De même que, pour le premier, on a à se dégager d'un système qui fait uniquement des érudits ignorants et des techniques scientifiques, de même, pour la seconde, depuis l'école primaire jusqu'à l'université, on subit la pesée d'une conception fausse qui ne tient pas assez compte de la structure physiologique de l'homme et qui prépare uniformément des organismes affaiblis d'hommes d'études, non pas des individus vigoureux dont la force physique doit être la première condition.

En d'autres termes, jusqu'ici l'éducation a été et est encore livresque. Elle prépare aux usages d'un monde qui se meurt, non pas aux nécessités nouvelles des choses qui appartiennent à l'avenir.

Et, comme les conditions de la vie ont change avec une rapidité précipitée et déconcertante, on se trouve dans la nécessité de faire face au problème et de l'aborder comme il doit l'être, sous peine de provoquer la diminution et même la chute des races.

On observe aujourd'hui les conséquences désastreuses d'un système éducatif erroné : l'abaissement de la taille, l'anémie et la dégénérescence organique.

Heureusement que des savants ont senti l'urgence de mesures à prendre et que des réformes ont déjà été accomplies. Mais que ne reste-t-il pas à faire ?

On a tout d'abord jeté les yeux sur l'éducation sportive de l'Angleterre. On a vu combien les organismes vigoureux qu'elle prépare sont aptes à porter au loin les activités de la mère patrie. Mais on s'est rendu compte aussi de tout ce qu'elle

enlevait à la culture et du point auquel elle res-
treignait la solidité de l'instruction.

Et il reste encore à créer un système de gymnastique éducative, rationnellement établie, qui
soit une sorte de concentration de tout ce que
permet l'exercice physique au point de vue du
développement et qui suit de près la formation et
l'évolution même du corps.

Une telle gymnastique devient absolument
nécessaire aujourd'hui, car le temps n'est plus
où l'on pouvait s'attarder à des recherches empi-
riques. Il faut lutter contre la dégénérescence
provoquée par les mille formes complexes de la vie,
et cette lutte doit être systématique et réfléchie.

Par le système du Suédois Ling, on a eu l'heureuse conception de baser l'exercice sur les effets
physiologiques, mais ce système trop artificiel ne
peut pas être appliqué d'une manière absolue dans
les écoles et il faut combiner une méthode rationnelle ne s'écartant pas trop de la nature et des
besoins de l'enfant tout en restant conforme aux
principes scientifiques.

Aujourd'hui, l'éducation physique dans nos
écoles consiste dans une réglementation disciplinaire au lieu d'être basée sur les impulsions
naturelles de l'enfant. Et c'est là un défaut rédhi-
bitoire.

En culture physique, il faut, comme dans tous
les domaines de l'éducation, distinguer des modes
particuliers d'activité répondant aux périodes
successives de l'évolution générale. Le jeune
enfant ne peut pas être traité comme l'adolescent ;

chez le premier le jeu dominera pendant qu'un entraînement successif pourra intervenir chez le second.

Spencer a déjà montré pourquoi, comme quantité et comme qualité, la gymnastique proprement dite est inférieure au jeu. Les inconvénients de la gymnastique, dit-il, sont à la fois positifs et négatifs. En premier lieu, ces mouvements réglés, nécessairement moins divers que ceux qui résultent des exercices libres, n'assurent pas une répartition égale d'activité entre toutes les parties du corps; d'où il résulte que, l'exercice tombant sur une partie seulement du système musculaire, la fatigue arrive plus tôt, ce qui peut même produire, par la répétition, un développement hors de proportion des parties du corps entre elles.

Puis, non seulement la somme d'exercice pris inégalement distribuée, mais cet exercice, n'étant pas accompagné de plaisir, est moins salutaire; même quand ils n'ennuient point les élèves, à titre de leçons, ces mouvements monotones deviennent fatigants faute du stimulant de l'amusement. Une excitation cérébrale accompagnée de plaisir a sur le corps une influence hautement fortifiante. Le bonheur est le plus puissant des toniques. En accélérant les mouvements du pouls, il facilite l'accomplissement de toutes les fonctions; et il tend ainsi à augmenter la santé quand on la possède, à la rétablir quand on l'a perdue. De là, la supériorité intrinsèque du jeu sur la gymnastique. L'extrême intérêt que les enfants prennent au premier, la joie désordonnée avec laquelle ils se livrent à leurs plus folles gambades, sont aussi importants en eux-mêmes au développement du corps que l'exercice qui les accompagne. Et faute de ces stimulants mentaux, la gymnastique est radicalement défectueuse.

L'éducation physique rationnelle n'est vraiment effective que si elle est fondée sur la raison même de la vie et si elle reste conforme à la nature de l'enfant.

Une réforme indispensable en matière d'éducation physique, c'est aussi l'introduction à l'école, surtout dans l'enseignement moyen, de leçons d'hygiène à annexer au cours d'exercices physiques, ainsi que la pratique des mensurations anthropométriques.

Chaque élève aurait, dès son entrée dans un établissement d'éducation, sa fiche d'état et de développement du corps, et les parents suivraient les progrès physiques de leurs enfants comme ils en suivent l'évolution intellectuelle.

Les élèves s'intéresseraient ainsi, en connaissance de cause, à leur développement corporel et commettraient plus tard moins d'imprudences hygiéniques, s'exposeraient moins aux erreurs et excès des sociétés athlétiques et sportives dont ils deviendraient, au contraire, des membres et des dirigeants plus intelligents.

La pratique raisonnée des jeux et de la gymnastique à l'école doit, en effet, inculquer à la jeunesse le goût de la culture physique à tout âge, surtout par les sports scientifiquement dirigés et étroitement liés à la gymnastique éducative. Ces sports seront comme un domaine d'application, un prolongement nécessaire de l'assouplissement et de la conservation de la beauté du corps. C'est par cette conception de l'éducation physique, par une propagande activement poursuivie dans ce sens, que l'on pourra ainsi donner aux peuples modernes cette faculté d'adaptation qu'exigent les formes nouvelles de la connaissance et du travail.

On peut cultiver l'organisme de l'homme, aujourd'hui que l'on connaît sa structure physiologique et ses nécessités. Cette énergie, qui nous apparaît avec de puissants exemples individuels, peut-être plus étendue, plus générale, et préparer pour l'avenir les éléments actifs et vigoureux des peuples qui, dès à présent, veulent jouer un rôle dans le monde futur.

Une des conditions essentielles de la bonne direction de l'éducation physique, c'est d'avoir de bons professeurs de gymnastique. Et, pour les avoir, il suffit de les rétribuer convenablement, au moins au même titre que leurs collègues de latin et de grec dont les exigences modernes se passeraient si. avantageusement. Ces professeurs d'éducation physique, scientifiquement bien préparés, auraient dans leurs attributions la partie théorique et pratique, l'hygiène et les mensurations.

Les quelques leçons de gymnastique pratique introduites dans les programmes actuels ne produisent que peu de résultats et même souvent des résultats néfastes, pour une foule de raisons parmi lesquelles il faut citer : le défaut d'organisation et d'installations convenables, le manque de sanction

de la gymnastique dans les examens d'entrée, de
passage et de sortie et la rétribution ridicule de
ceux chargés de l'enseigner.

Il serait temps de réagir aussi contre les traditions déplorables des concours et examens à
diplômes purement littéraires et scientifiques de
plus en plus compliqués qui ont actuellement dans
les écoles pour conséquence la fatigue plutôt que le
perfectionnement intellectuel. Suivant la manière
dont se passent les examens et les concours, la
sélection se fait surtout chez les sujets dociles
présentant des qualités d'ordre inférieur et on
élimine souvent ceux qui, mieux organisés physiquement et cérébralement, pourraient dans l'avenir
rendre de meilleurs services à la société, grâce à
leur activité spontanée. La précocité et le surmenage sont les plus déplorables conditions de perfectionnement. Aussi, si l'on suit dans la vie ces
petits prodiges lauréats de tous les concours et qui
sont, en général, des chétifs dont parents et maîtres
ralentissent encore le développement physique
normal en les poussant au travail intellectuel
excessif, on remarque presque toujours qu'ils ne
donnent pas dans la vie ce qu'ils semblaient pro-
mettre.

L'éducation physique, qui ne doit avoir en vue
que le développement harmonique et le perfectionnement corporels, doit se dégager de toute préparation militaire, de tout militarisme. L'idéal de la
culture physique est incompatible avec l'idée de
la destruction de la vie humaine.

Après l'abominable boucherie qui vient de se

terminer et qui jure tant avec toute idée de civilisation, nous estimons le moment venu d'inspirer à
la jeunesse, à l'école et hors d'elle, l'horreur de la
guerre. Il faut combattre dans l'esprit des jeunes
générations tout ce qui porte à de tels crimes; il
faut faire aimer la Patrie à vivre et non à mourir
pour elle. Il faut exalter tout ce qui est humain,
tout ce qui élève et perfectionne notre existence;
les responsables d'une guerre doivent être mis au
ban de l'Humanité. Et ainsi, même s'il restait
encore parmi les dirigeants des peuples des inten-
tions guerrières, la jeunesse comprendrait toute la
criminalité des anachroniques tueries humaines,
elle refuserait universellement de s'y associer
encore et les guerres deviendraient impossibles.

Il faut développer les sociétés de bonne gymnastique et de sports intelligents tendant au vrai
développement de la force et de l'énergie, mais il
faut flétrir toutes celles qui ont trait à la préparation guerrière ou qui n'ont en vue qu'une vaine
gloriole, qu'une exhibition théâtrale, et surtout
celles qui nuisent à la santé et au corps.

Des pratiques d'une prétendue chevalerie qui
n'est plus de notre époque, telles les luttes corps à
corps, la boxe, l'escrime, qui déforment le corps
au lieu de le former; de même que certaines exhi-
bitions foraines de force brutale, les prouesses,
matchs et records extravagants, doivent être pro-
hibés. Le développement artificiel exagéré du système musculaire n'est d'ailleurs aucune garantie
de santé florissante; ce développement est souvent
obtenu au détriment d'autres organes, et l'on a

fréquemment vu des athlètes admirablement mus-
clés atteints de phtisie pulmonaire, d'hypertrophie
du cœur, de néphrite, de cancer, etc.

Au point de vue économique, l'éducation physique a un rôle très important à remplir : elle a
pour mission d'augmenter le capital d'énergie
humaine en diminuant le gaspillage de notre activité afin d'arriver à une plus grande somme utile
de travail individuel. De plus, par les efforts
d'amélioration de la race, on extirpe insensiblement les tares héréditaires, on diminue le nombre
des infirmes, déchets sociaux qui coûtent et ne
produisent rien.

A la question de l'éducation physique sont liées
toutes celles qui exercent une certaine influence
sur la santé. L'hygiène scolaire est l'une des plus
importantes. Elle doit faire partie de tous les
programmes.

Une cause importante de dégénérescence physique est *l'alcoolisme*, cette plaie des classes populaires. L'alcool anéantit la santé, constitue un
virus qui se transmet par hérédité et brise les
constitutions les plus robustes. L'alcoolisme tue la
famille et conduit à la folie et au crime. C'est par
l'éducation, par l'instruction, que l'on combat le
plus efficacement le fléau, en faisant comprendre à
l'ouvrier que son bonheur et celui des siens dépendent de sa santé et de son perfectionnement; en
inculquant à chaque homme le culte de l'être humain
et celui des principes de l'hygiène, on élève l'idéal
de la vie en créant comme une religion naturelle
propre à maintenir chacun dans la voie du devoir,

on réprime l'ardeur des passions bestiales et on combat l'erreur de la recherche de l'argent comme seul bien enviable.

Cette éducation doit se continuer surtout dans les œuvres post-scolaires, conférences, cours d'adultes et sociétés de tempérance, de gymnastique et de sports en plein air, à un âge où la jeunesse est plus exposée aux tentations de l'alcool. Il faut occuper les jeunes gens utilement et agréablement. L'action est le critérium de la moralité. La pratique des exercices physiques est le meilleur préservatif de la santé, de la moralité et des qualités viriles.

Le corollaire de l'abrutissant alcool, c'est *le tabac*, cet autre poison humain. Comment est-il possible qu'une si ridicule habitude, vestige de manies sauvages, et qui consiste à biberonner à un bout de rouleau de feuilles desséchées et empoisonnées, se soit à tel point enracinée dans l'humanité qu'il est plus difficile encore de l'extirper que l'alcoolisme?

Nous avons vu les Indiens sauvages dans les forêts vierges de l'Amazone qui mâchaient non seulement des feuilles de coca, mais suçaient à des bouts de bois et qui, absorbés par ce sucement, avaient un air idiot, alors que les bouts qu'ils choisissaient ne contenaient nullement du poison. Nos fervents disciples de Nicot, qui se croient cependant un peu moins sauvages que ces descendants de Manco-Capac, ont-ils jamais réfléchi une minute au tort qu'ils font à leur santé et à celle d'autrui et à l'aberration de cette habitude inculte qui ne se justifie pas?

N'as-tu jamais remarqué, fumeur endurci, inconscient ou volontaire, le mal que tu causes à tes semblables non fumeurs, principalement à des dames, lorsque tu les obliges à quitter une salle enfumée ou une réunion, où tu crées entre l'orateur et les auditeurs qui ne s'aperçoivent qu'au travers de nuages souvent épais et toujours nauséabonds, cette atmosphère saturée, hostile et toxique qui empêche les libres et purs échanges cérébraux ?

Il y a quelques années, nous avons eu l'honneur de faire le voyage de Guayaquil à Cherbourg, en compagnie du Rév. P. V. S..., de l'ordre des Dominicains, qui revenait de Quito en Belgique après une absence de trente ans. Le Père, un charmant compagnon de voyage, dont nous partagions la cabine, fumait journellement *vingt-cinq* cigares purs havanes; doué d'une santé de fer, malgré ses soixante-cinq ans, et d'un appétit extraordinaire, il se serait passé de manger plutôt que de fumer, et, le dernier jour avant notre arrivée à Cherbourg, il n'avait plus que cinq cigares au lieu de vingt-cinq, il en était malade de privation !

C'est encore par l'éducation qu'on arrivera à faire cesser cette néfaste servitude, tyrannique au point de faire sucer, aspirer, mâcher un véritable poison par l'homme, qui parle si volontiers cependant d'émancipation, qui dit qu'il ne veut pas de maître et qui se soumet si docilement, corps et âme, à ses deux tyrans : l'alcool et le tabac.

La bonne éducation physique, qui est le moyen prophylactique par excellence, se rapporte à tout ce qui concerne le développement du corps et de la santé. Il y a une relation étroite entre le développement physique et la culture intellectuelle. Les enfants les plus développés corporellement sont les plus aptes à profiter de l'instruction. Le docteur américain Towersend Parter s'en est rendu compte en examinant 34,500 enfants.

L'élévation du niveau des études scolaires correspondra à l'amélioration de l'éducation physique dont feront partie les sports et les jeux de toute nature.

Le jeu est, pour l'enfant comme pour l'animal, un besoin de sa nature, et dans ce sens, pour l'écolier, la récréation est une seconde création, un renouvellement d'énergie.

L'éducation physique, le piédestal de l'éducation intégrale, développe aussi les qualités morales : l'ordre, la discipline, l'énergie et le caractère. Elle éloigne les tendances capricieuses et calme les passions. Elle réalise la maxime de Juvénal : *Mens sana in corpore sano*, qu'il est plus exact d'exprimer ainsi : *In corpore sano mens sana.*

VIII

L'Éducation intellectuelle

Anciennement, l'éducation n'avait pour but que le développement du corps, c'était l'époque guerrière primitive, celle de la supériorité de la force brutale individuelle.

Vint ensuite l'époque de la supériorité de l'esprit, de la culture de l'intelligence qui engendra l'erreur de l'éducation livresque, laquelle subsiste encore en grande partie de nos jours.

Sous l'influence des penseurs et des philosophes, on eut peu à peu la conviction intime que la nature humaine présente plusieurs aspects qu'il importe de développer harmoniquement et on arriva à donner pour raison de former l'enfant à une vie de dépendance physique, intellectuelle et morale, en restreignant malheureusement ses impulsions naturelles pour les soumettre à une organisation rigoureusement autoritaire.

On considérait l'homme ayant un corps et une âme à diverses facultés dont on élaborait les moyens successifs de développement. Cette ancienne conception des facultés de l'âme, comme des forces indépendantes, des réalités substantielles ou dynastiques, persiste toujours dans la plupart de nos cours de pédagogie.

Herbart a démontré que cette théorie des facultés de l'âme est contraire à l'éducation ; aux soi-disant facultés, il a substitué les représentations psychiques comme matériaux des connaissances.

Dans l'éducation de l'intelligence, on proclamait, d'après Pestalozzi, qu'elle devait se conformer dans l'ordre et dans la méthode à la marche naturelle de l'évolution mentale.

Et l'on prescrivait une série d'exercices de développement de chacune des facultés intellectuelles dont la mémoire avait surtout la prédominance. . Celui qui a une mémoire fidèle est toujours proclamé très intelligent, surtout dans les écoles où le système suranné des examens persiste encore. Aussi, dans la vie, les lauréats de nos fameuses distributions des prix donnent rarement les meilleurs résultats ; Spencer déjà a proclamé que la plus sûre des conditions de succès dans l'existence est d'être avant tout un « bon animal ».

La culture intellectuelle dans notre enseignement consiste surtout dans l'étude plus ou moins attentive et raisonnée des diverses branches du savoir en s'aidant pour cela de textes surchargeant la mémoire, en vue d'examens ou de concours.

On devrait cependant comprendre, que pour développer l'intelligence chez l'enfant, cet organisme du monde doué d'aptitudes susceptibles de développement, il importe plus de l'habituer d'abord à l'*observation* des choses et des phénomènes, aptitude de curiosité naturelle se manifestant dès sa naissance, puis à leur fixation dans l'esprit par des exercices pratiques raisonnés, opérations qui, par un enseignement méthodique et surtout approprié, formeront facilement et sûrement l'homme de science, le philosophe, l'artiste, etc.

Ce qu'il faut aussi tendre à créer davantage pendant les leçons, c'est l'intérêt, le plaisir; l'ennui et le dégoût tuent l'intelligence.

Les professeurs qui intéressent leurs élèves sont les meilleurs et toujours aimés.

A l'immobilité forcée, la lourde atmosphère de silence, la déprimante autorité, la contrainte doivent succéder en classe la clarté, le mouvement, l'émulation qui libèrent les esprits et les corps.

Il ne faut emmailloter ni l'intelligence ni le corps de l'enfant.

Le meilleur moyen de faire des élèves des hommes, c'est de les traiter en hommes, et non en enfants et en suspects.

Déjà, on a introduit à l'école quelques moyens d'intuition qui donnent aux élèves, de temps en temps, pendant les lentes et lourdes heures des monotones leçons, une illusion de vie; mais ces quelques vilaines images, ces affreux animaux empaillés, ces appareils en mauvais état qu'on leur montre ne constituent pas la nature, la vie réelle et l'enfant s'ennuiera à l'école aussi longtemps qu'on n'y introduira pas d'autres procédés éducatifs plus conformes à ses besoins de développement.

Les vérités les plus évidentes n'ont d'action que sur ceux qui les ont cherchées et qui ont pu les reconnaître pratiquement.

Le rôle du véritable éducateur est surtout celui de seconder l'évolution spontanée et naturelle de l'enfant.

La vie à l'école doit être plus naturelle, moins sévère, moins de mots et de conventions; l'éducateur doit le moins possible contrarier la nature de l'enfant, son rôle consiste surtout à comprendre cette nature, à lui offrir matière à ses activités et à seconder et diriger intelligemment ses efforts.

Pour bien comprendre la nature de l'enfant et pour ne jamais contrarier son accélération embryogénique, l'éducateur doit avoir étudié à fond la psychologie expérimentale.

L'éducation actuelle est antiscientifique, parce qu'elle est antinaturelle; elle est même dangereuse et antisociale, parce que, par le régime de contrainte, elle annihile souvent de précieuses énergies et crée des révoltés.

Le principe de direction des énergies naturelles étant admis dans l'œuvre de l'éducation, il suffit, pour en déterminer la méthode, d'avoir en vue la nécessité de la conservation et de l'évolution de l'individu et de son espèce dans un milieu convenable, ce qui est obtenu par le travail organisé en vue du bien-être individuel et social.

L'éducateur doit donc bien connaître aussi la sociologie.

La source des connaissances de l'enfant réside dans l'activité manuelle.

C'est l'observation et le travail des mains qui nous fournissent nos premières notions. *C'est sur ce principe que doit être basée la pédagogie.*

Le travail manuel doit marcher de pair avec toute acquisition de connaissances; l'activité manuelle ne doit pas s'arrêter au jardin d'enfants ni à l'école primaire, elle doit continuer au collège et à l'université et dans la vie entière.

La méthode à créer n'est pas difficile, dès qu'on bannira de l'école la routine et surtout les vieux rétrogrades dont les idées arriérées pèsent si lourdement sur nos programmes et méthodes scolaires.

Il n'est pas nécessaire de démontrer que l'enfant aime le mouvement, le travail, l'air, la lumière, la campagne, la forêt, les plantes, les animaux, la terre, les pierres, l'eau, etc., choses qui d'emblée lui sont familières, qu'il sent et qu'il comprend. Et voilà les éléments tout indiqués pour y développer sa jeune intelligence. Au maître avisé et instruit de le guider sagement.

La Nature, dans laquelle nous naissons, reste aussi l'élément essentiel de notre déveleppement. Mais, puisque dans nos climats il n'est pas toujours possible d'enseigner en plein air et qu'il faut des bâtiments d'école, ceux-ci seront de préférence établis à la campagne, au milieu de l'air pur, de la lumière et de la verdure, dans le sens indiqué plus haut, et le travail manuel constituera la base de leur organisation pédagogique.

Les modalités de ce travail, selon les besoins et les circonstances, ne sont pas difficiles à établir, à condition que l'esprit scientifique y préside.

IX

L'Éducation morale

Par un enseignement dirigé comme nous l'indiquons ici, l'enfant se développera dans une atmosphère de liberté, sans contrainte, consciemment aidé, et s'élèvera ainsi à une moralité supérieure dont la genèse est avant tout celle du vouloir.

La valeur d'un homme se mesure à son vouloir plus qu'à son savoir.

L'éducation morale sera la résultante des directions et des influences reçues, inspirant surtout à l'enfant l'idée de son perfectionnement. L'enfant doit apprendre à se conduire selon son esprit et son cœur et non selon des préceptes dictés. Et ainsi se formera sa personnalité consciente.

L'idéal moral est représenté par cinq idées essentielles : la liberté intérieure, la perfection, la bienveillance ou amour, la justice ou le droit, et l'équité.

Ces cinq idées morales président au développement de la société comme au perfectionnement de l'individu. Elles constituent l'idéal moral commun de l'individu et de la société et se développent avec le temps et les idées.

Tout ce qui fortifie le corps et l'esprit fortifie la moralité.

L'homme doit agir selon la raison, en connaissance de cause, non par récompense ou par châtiment. Il doit comprendre la nécessité du travail, le respect d'autrui, les principes de justice, de droit et de devoir, mais cela dans un milieu social bien organisé basé lui-même sur ces mêmes principes.

Rien ne sert de prêcher à l'enfant d'être bon, tempérant, juste, loyal, s'il voit journellement, en pratique, que tout cela n'est qu'hypocrisie de la part des dirigeants de la société.

Comment inspirer, par exemple, efficacement le respect de la vie humaine dans des milieux où fleurissent encore, même plus cruellement qu'aux temps les plus sauvages, des institutions n'ayant pour but que les tueries stupides et barbares?

Comment prôner efficacement, à l'enfant intelligent, le respect de la propriété dans une société où des exploiteurs ou des parasites millionnaires jouissent matériellement de la vie et sont considérés pendant que des pauvres méritants meurent de faim et de mépris?

Comment encore faire naître les sentiments de justice, là où le bon droit, celui des humbles surtout, n'est souvent qu'un vain mot?

On perd généralement son temps à prêcher une morale fictive, en contradiction avec celle de la vie réelle.

Avec les réformes de l'éducation doivent aussi coïncider celles des autres institutions sociales.

Rien n'est si préjudiciable à la moralité de l'enfant que le mauvais exemple et l'ancien esprit d'asservissement et de crainte qui subsiste malheureusement dans le régime scolaire actuel.

Les iniquités sociales disparaissant, en même temps que les superstitions, l'idéal de la vie s'améliore et l'homme devient meilleur par l'action de la volonté consciente.

Toute la morale ancienne se réduit à l'obéissance et au renoncement; la morale future réside dans la vie même et dans l'action de la volonté vers un meilleur devenir.

Il faut concevoir une humanité qui reconnaisse et suive les impulsions de la Nature, qui agisse sans entraves conventionnelles et, par suite, une organisation sociale basée sur plus de liberté et de justice.

Ainsi, chaque individu sentira en lui-même la loi morale sans lui être imposée, et la moralité générale y gagnera.

C'est par l'école organisée sur d'autres bases qu'il faut réaliser cette conception du développement spontané et harmonieux de toutes les forces latentes de l'individu, lui inspirant en même temps un idéal plus élevé de son existence.

En résumé, l'école, neutre au point de vue moral, doit être considérée comme un apprentissage de la vie sociale où l'enfant apprend à devenir un honnête homme et un bon citoyen. L'école doit donc être un modèle d'organisation.

L'école, pour prolonger, entretenir et développer cette éducation, doit tendre à l'association de ses élèves et anciens élèves dans les œuvres postscolaires : cours d'adultes, de lectures, conférences, caisses d'épargne et de mutualité, colonies de vacances, associations et patronages, universités populaires, sociétés de tempérance, sociétés de gymnastique et de sports, syndicats professionnels, etc.

Par cet enseignement complémentaire, on affermira l'éducation des élèves, on les affranchira de la servitude du métier quotidien, servitude d'autant plus pesante que la division à l'infini du travail actuel tend à réduire le rôle de l'initiative, on élèvera et agrandira leur esprit en leur montrant les grandes lois qui président à l'ensemble du travail moderne, on les éloignera des mauvaises fréquentations et du cabaret, et ainsi, on les rendra meilleurs moralement.

L'éducation rationnellement dirigée, la culture morale sera la conséquence directe de la culture physique et intellectuelle.

Mais, dans les conditions scolaires actuelles, il est opportun d'introduire des leçons ou plutôt des entretiens d'enseignement moral ayant pour objet de créer, dans l'esprit des élèves, une orientation morale consciente. Cet enseignement doit comprendre des leçons occasionnelles et des séries méthodiques d'entretiens ; il sera adapté à l'évolution mentale des élèves, afin de conduire graduellement à la formation d'un idéal moral, ayant pour principe général la solidarité ; il respectera les convictions philosophiques en s'abstenant de tout prosélytisme dogmatique ou antidogmatique.

Un résultat important auquel doit tendre l'éducation morale, c'est le développement et la conservation de l'*énergie*.

L'énergie morale dépend de l'énergie physique et intellectuelle. Des parents sains, robustes et intelligents ont presque toujours des enfants forts et remarquables par leur activité mentale. Les exceptions ne font que confirmer la règle.

L'ambiance et la société réagissent également sur l'énergie. Si l'on voit souvent des enfants de familles laborieuses et intellectuelles grandir dans la paresse et l'ignorance, la faute en est à leur éducation et à leur entourage ou à des influences ataviques.

L'adversité, les difficultés, les désappointements, les injustices de la vie qui révoltent l'individu, sont de puissants maîtres d'énergie — nous en savons quelque chose.

Ceux qui ont la vie trop facile, les grands favorisés de la fortune, par exemple, ou ceux à qui les parents mâchent leur avenir ou encore les fonctionnaires, produits du favoritisme, ne sont guère capables de grands efforts de volonté et finissent souvent par s'avachir dans le crétinisme le plus abject.

L'idiotie et l'imbécillité, filles du crétinisme, incarnent les échelons les plus bas de la dégénérescence dont l'instabilité mentale, la faiblesse de volonté, les excentricités psychologiques, les perversions des instincts sont d'autres symptômes.

Il importe d'inculquer à la jeunesse que le parasitisme social est une tare; qu'accepter, dans la vie, un poste par faveur est une malhonnêteté envers soi-même, envers autrui et envers la société, et qu'un homme qui accepte une place par protection est méprisable. On pourrait ajouter sans exagération que les dirigeants et les hommes politiques qui favorisent une telle immoralité publique font un tort immense à leur pays.

Dans l'administration de notre enseignement public, pour ne citer que celle-là, on prouverait facilement que ceux qui occupent les premiers postes sont presque tous des protégés d'hommes politiques influents, voire même de hauts dignitaires de l'Église.

, Une nation intoxiquée de la sorte par le virus du favoritisme est vouée à la ruine de la dégénérescence.

Il faut citer, en revanche, à la jeunesse l'exemple d'hommes énergiques, d'hommes droits de caractère, comme grand stimulant moral.

La volonté d'atteindre un but, les circonstances critiques avec lesquelles on se trouve aux prises, l'habitude, le dévouement au devoir, l'héroïsme sont des sources de fermeté et d'énergie.

L'énergie qui constitue le plus précieux des capitaux ne doit pas se dépenser aveuglément et inconsidérément : qu'on s'inspire en cela de la nature où la plante ne gaspille en rien l'énergie retirée de l'air, du soleil et de la terre, et, en sauvegardant sa dose d'énergie bien développée par l'éducation et par une vie sobre, tempérante et régulière, on sera amplement récompensé durant l'existence saine et prolongée par des actes féconds et réconfortants.

En opposant ainsi les trésors que l'homme bien développé sent en lui, qui ne dépendent que de lui et qu'il peut utiliser d'une façon presque illimitée, on démontre combien est fausse, pour ne pas dire stupide, l'organisation de notre vie qui confine les raisons de notre bonheur aux choses du dehors restant sous la domination des caprices des hommes et des choses. Tout cela ne pourra qu'affaiblir sinon détruire le culte de la richesse et des faveurs, culte qui empoisonne les meilleurs esprits de notre temps.

Il faut détruire les mauvaises divinités d'autrefois, surtout la religion de l'argent, et les remplacer par le culte de l'effort et de l'énergie qui seul permet de travailler pour le but suprême de l'humanité, c'est-à-dire pour le progrès.

X

L'Éducation professionnelle

Autrefois l'ouvrier de métier entrait en apprentissage chez un patron où il restait généralement plusieurs années, changeant parfois, ce qui était avantageux à sa formation, apprenait par imitation et par routine, et le jour où il se croyait suffisamment adroit, il s'établissait lui-même comme patron. C'était le cas de tous les artisans de jadis, survivance du régime des Corporations.

On comprend les inconvénients de cet empirisme. L'apprenti n'avait qu'une instruction primaire rudimentaire et peu de savoir-vivre, parfois il ne savait ni lire ni écrire; il n'était pas toujours traité avec douceur et ces années d'apprentissage n'étaient guère heureuses pour lui.

On conçoit aisément l'utilité d'une bonne instruction générale et professionnelle pour le futur artisan et même pour le simple ouvrier; il n'y a pas un métier au monde qui ne suppose des connaissances et qui ne gagne à être fait moins machinalement.

·L'idée de remplacer l'apprentissage empirique par des cours professionnels date de Descartes (1596-1650), le véritable fondateur de la psychologie moderne, le grand libérateur de la pensée. Descartes conseilla à M. d'Alibert, qui désirait consacrer une partie de sa fortune à l'utilité publique, de faire bâtir dans le Collège Royal et dans d'autres lieux consacrés au public diverses grandes salles pour les artisans; à destiner chaque salle pour chaque corps de métier; à joindre à chaque salle un cabinet rempli de tous les instruments mécaniques nécessaires ou utiles aux arts qu'on y enseignerait; à créer des fonds suffisants, non seulement pour subvenir aux dépenses que demanderaient les expériences. mais aussi pour entretenir des maîtres ou professeurs, dont le nombre serait égal à celui des arts à enseigner. Ces professeurs devaient être habiles en mathématiques et en physique, afin de pouvoir répondre à toutes les questions des artisans, leur rendre raison de toutes choses, et leur donner du jour pour faire de nouvelles découvertes dans les arts. Ils ne devaient faire leurs leçons publiques que les jours de fêtes et les dimanches après les vêpres, pour donner lieu à tous les gens de métier de s'y trouver, sans faire tort aux heures de leur travail. Descartes considérait aussi ces cours professionnels comme un moyen très propre de retirer les ouvriers de Paris de la débauche, comme il disait, qui leur est si ordinaire aux jours de fête.

Quel dommage qu'il y eut si peu de Descartes parmi les philosophes pédagogues modernes !

Il importe de donner à l'ouvrier non seulement les connaissances théoriques et pratiques indispensables à l'exercice de son métier, à l'expansion de sa personne, mais encore une culture générale qui augmente sa valeur humaine.

L'idéal ouvrier exige aussi la pratique des vertus sociales, des qualités collectives qui assurent le bien-être de chacun et de tous.

L'ouvrier reçoit son instruction générale obligatoire à l'école primaire où il est indispensable que l'esprit des enfants ne soit pas détourné des professions manuelles aussi nobles que les professions intellectuelles.

Aujourd'hui, on a créé un peu partout des écoles *professionnelles* qui remplacent l'ancien apprentissage ou y suppléent. Certaines de ces écoles ont pour but de mettre les jeunes gens à même d'être reçus comme ouvriers complets dans certaines professions après la terminaison des cours, qui sont de six mois à un an; elles se bornent à enseigner exclusivement la pratique manuelle des métiers. Les apprentis y entrent après l'école primaire. D'autres sont basées sur une conception plus large et visent la formation complète de l'homme de métier par les études pratiques et théoriques approfondies. La durée des études est alors plus longue, généralement de deux à cinq ans.

Toutes ces écoles organisent généralement leur enseignement pratique suivant des systèmes identiques à ceux de l'atelier, afin d'échapper à l'objection de ne pas enseigner la profession avec la même efficacité qu'au chantier où à l'atelier.

Beaucoup de ces écoles ont été fondées par des philanthropes et vivent des minervals et des revenus de fondations; les autres sont créées par les syndicats, les industriels et les communes.

Il y a aussi dans certaines communes des cours professionnels attachés aux écoles primaires ainsi que des écoles du soir.

Les écoles d'apprentissage bien organisées délivrent généralement des diplômes en accordant à leurs titulaires de sérieux avantages.

Mais l'on est généralement d'accord cependant que l'apprentissage de l'école est utilement parachevé par un stage dans les ateliers réels, malgré les conditions défectueuses dans lesquelles y sont placés souvent les jeunes apprentis, pour mieux faire entrer dans les nerfs et les muscles les aptitudes techniques et le sens commercial qui doit dominer la production.

Entre l'apprentissage de l'atelier et celui de l'école professionnelle, les parents hésitent fréquemment. Et, cependant, les bons résultats de l'école où le métier est appris méthodiquement sont indéniables. L'école de menuiserie, par exemple, prend l'apprenti au sortir de l'école primaire et encore qu'il n'ait, le plus souvent, reçu aucune préparation spéciale, elle lui enseigne rapidement le maniement des outils pour le conduire, après quatre années, à la parfaite connaissance du travail du bois. Et, à ce moment où le jeune homme termine ses études, elle le met en possession du coffre d'outils qu'il s'est confectionné pendant son apprentissage et des primes accumulées par lui dans le cours de ses travaux.

L'école professionnelle ne se borne pas à faire des jeunes gens confiés à ses soins des ouvriers habiles : par de fréquentes causeries, par une préoccupation de tous les instants, elle veille encore à leur inculquer les habitudes indispensables d'ordre, de politesse, de discipline, etc.

En Belgique, l'enseignement professionnel par l'initiative privée, les syndicats, les industriels, les communes, laisse encore beaucoup à désirer, surtout au point de vue des méthodes ; des progrès sérieux y ont été réalisés dans les vingt dernières années sous l'impulsion de l'Université du travail de Charleroi et à l'exemple d'autres pays, principalement des Etats-Unis, où cet enseignement est des mieux organisé et où la législation intéresse fortement l'apprentissage ouvrier.

L'Etat se borne à encourager les promoteurs des institutions industrielles et professionnelles et à réclamer, en compensation des subsides qu'il accorde, la surveillance des écoles et la production des programmes, budgets, règlements,. agréation des membres du personnel enseignant.

On compte cependant actuellement en Belgique des écoles et des ateliers de mécanique, des écoles pour les industries du fer, du bois, des écoles de plomberie et de zinguerie, d'horlogerie et de petite mécanique, d'électricité, d'armurerie, de reliure, de dorure, de tapissiers-garnisseurs, de tailleurs, de coiffeurs, de typographes, de pêche maritime, des ateliers d'apprentissage pour la taille de la pierre, pour le tissage, etc...

L'apprenti est parfois payé pour le travail utile qu'il fournit.

L'enseignement technique comprend l'enseignement industriel et commercial; il se subdivise généralement en cours de dessin professionnel, écoles industrielles, cours commerciaux et de langues; écoles supérieures spéciales ou de commerce; cours dominicaux.

Il y a aussi des écoles professionnelles et des classes ménagères pour jeunes filles.

Dans toutes les écoles, les cours se font le jour ou le soir.

On comprend aisément l'importance du travail manuel à l'école primaire pour les élèves qui se destinent aux métiers et à l'industrie; à l'école professionnelle, l'enseignement du travail manuel marchant de pair avec la théorie et le dessin domine. C'est surtout ce travail qui décèle les véritables aptitudes qui seules doivent déterminer les spécialités de chacun.

Il faudrait, dans toutes les communes, des cours professionnels (industriels, commerciaux, agricoles, etc.) obligatoires pour tous les ouvriers et employés âgés de moins de dix-huit ans, en rapport avec toutes les professions et les besoins locaux. Ces cours se donneraient en dehors des heures d'atelier et de bureau. Ainsi, l'apprentissage se ferait partie à l'usine, partie à l'école. L'enseignement professionnel doit aller à l'ouvrier, comme l'école primaire va à l'enfant, à la porte du logis familial.

Bien entendu, il existerait, en dehors de cet enseignement professionnel général, des écoles professionnelles supérieures, centrales, qui recevraient l'élite des travailleurs, ceux qui auraient révélé au cours de leur apprentissage des aptitudes supérieures.

Cet enseignement supérieur n'existe malheureusement chez nous qu'à Charleroi.

Il faut que l'élite ouvrière ait les moyens de développer ses forces, qui actuellement restent trop souvent perdues; le plus humble salarié a le droit, comme le riche, de boire aux sources fécondes de la science, si ses conceptions plus étendues l'y poussent.

L'ouvrier aujourd'hui n'est plus un esclave, une simple chose, il est un homme. La richesse seule ne monte plus la garde à la porte des écoles qui sont devenues accessibles à tous.

Il est du devoir des pouvoirs publics de s'occuper activement de cet important problème social.

A propos d'*éducation commerciale*, nous avons pu constater, à l'étranger, que le représentant de commerce allemand travaille mieux que celui des autres pays et arrive ainsi à accaparer la clientèle. Nous avons connu, dans la région andine de l'Amérique du Sud, de ces représentants qui faisaient porter, à dos d'âne, leurs mallettes d'échantillons jusqu'aux départements les plus éloignés, où l'on ne connaît d'ailleurs d'autres produits courants que les produits allemands.

C'est, à n'en pas douter, la bonne éducation commerciale dans d'excellentes écoles appropriées qui a valu à l'Allemagne le développement extraordinaire de son commerce mondial. Le voyageur allemand a une merveilleuse faculté d'assimilation et d'adaptation aux usages des pays étrangers. Toujours il marque les prix des produits en monnaie du pays où il se trouve; il cherche à sonder les goûts et les préférences des clients; il parle la langue du pays où il veut faire des affaires; il connait les lois et usages commerciaux et ainsi il arrive à pénétrer la vie intime, à démêler les besoins d'un peuple et à plaire.

Ce sont là des indications pratiques en faveur d'une meilleure orientation de nos écoles commerciales, en vue de faire la concurrence au commerce allemand, indications qui conviendraient également, d'après nos observations sur le terrain même, aux représentants français et surtout aux anglais, qui se laissent trop facilement détrôner au loin par les Allemands. « Envoyez-nous des représentants instruits et actifs, des voyageurs intelligents et cultivés, et vous ferez des affaires, » tel est, en général, le *leitmotiv* des rapports de nos consuls à l'étranger. Les produits anglais, belges et français sont incontestablement supérieurs aux produits allemands. C'est la façon de les présenter qui importe et cela dépend en grande partie de l'éducation commerciale des intermédiaires.

Nos pays ont, à l'étranger, une réputation de goût, de loyauté et de courtoisie supérieure à celle de l'Allemagne et le jour où nous aurons mis un

enseignement approprié à la portée de nos représentants et de nos voyageurs de commerce, ceux-ci
concourront très avantageusement avec les commis voyageurs allemands dans la grande lutte économique qui se livre sur tous les marchés du
monde.

XI

Le personnel enseignant
et les écoles normales

Le personnel enseignant doit être préparé scientifiquement et pédagogiquement dans des écoles spéciales que nous appelons écoles normales.

Ce sont surtout ces écoles-là, les modèles des autres, qui doivent évoluer avec la vie sociale à laquelle elles préparent.

Dans les écoles normales, la physio-psychologie doit s'étudier à fond et pratiquement, faisant le mieux connaître les forces en puissance dans l'enfant, le mécanisme de ces forces, les influences qu'elles subissent, permettant de déterminer avec plus de sûreté les acquisitions possibles aux différentes périodes de la vie, les méthodes qui les rendront le plus facilement assimilables, évitant le surmenage, les pertes de temps, la désaffection et l'indifférence qu'entraînent des exigences peu conformes à la nature de l'enfant.

Sans exagération, l'on peut dire que les écoles

normales actuelles ne sont plus guère à la hauteur des progrès modernes.

L'école normale, à la vérité, ne donne à l'instituteur qu'une culture professionnelle bien insuffisante. Elle n'est pas ce qu'il faudrait que, logiquement, elle fût : une vraie faculté de pédagogie où le futur éducateur apprendrait à fond son métier, par une spécialisation intelligente, théorique et pratique, une spécialisation qui consisterait dans l'étude plus complète de la pédagogie et des sciences qui s'y rattachent étroitement, — psychologie de l'enfant, paidologie, histoire de la pédagogie, avec la connaissance des auteurs qui dans tous les temps et tous les pays ont écrit sur l'éducation, l'hygiène et la législation scolaires, — le champ est si vaste !

L'enseignement de l'école normale est trop superficiel et manque d'un fond solide. Elle devrait former avant tout l'éducateur, le pédagogue, comme la faculté de médecine forme le médecin. Une forte culture pédagogique habituerait le jeune maître à la réflexion, à l'observation des caractères ; elle aurait sur la direction de son intelligence, sur la formation de son propre caractère la plus heureuse influence. La supériorité qu'elle lui donnerait dans la discussion des problèmes de l'éducation, qui sollicitent aujourd'hui tout le monde, lui servirait auprès des populations et son autorité en serait augmentée. Sa compétence, en une matière aussi importante, lui rallierait bien des suffrages parmi un public éclairé qui le méprise trop souvent et se rit presque de son infériorité intellectuelle, malgré la diversité de ses connaissances.

L'instituteur sortant de l'école normale primaire avec le meilleur diplôme est désorienté devant la direction d'une classe ou d'une école, où il cherche sa voie à tâtons; l'enseignement trop théorique reçu ne l'a guère mis en état de faire son métier convenablement et il doit se former surtout lui-même.

Le jeune instituteur n'a pas d'idéal pédagogique bien arrêté : les principes fondamentaux de la science de l'éducation lui échappent, parce qu'il ne les a pas étudiés à leur source même. Il faudrait lui donner le fond solide qui lui manque, soit à l'école normale, soit en lui facilitant, par la suite, les moyens de compléter sa culture professionnelle, en l'incitant de toutes façons à se perfectionner dans l'art d'enseigner, à se familiariser avec la connaissance et l'emploi de ces outils précieux que sont les méthodes. Mais, avant tout, il faut l'arracher à la politique qui le guette, à toutes les influences qui peuvent détourner son esprit de sa tâche, si belle, où ses efforts trouveraient de si larges compensations.

Il faut faire de l'école où il entre une habitation saine, commode, agréable, où il se sente heureux de vivre au milieu d'une famille étroitement unie et solidaire, une maison où chacun, tout en gardant sa personnalité, mais en respectant les hiérarchies nécessaires, travaille avec joie et entrain au but commun, à la même tâche sociale de l'éducation.

On peut en dire autant, et plus peut-être, de l'enseignement moyen où les méthodes trop théoriques, trop passives laissent à désirer, surtout dans les athénées.

Les méthodes d'enseignement moyen, au lieu de considérer l'élève comme simple réceptacle passif, doivent être actives, stimulant les facultés par des exercices appropriés conduisant à la réflexion et à l'effort personnel. Il est évident, que les procédés passifs consistant en une simple exposition du professeur et, de la part de l'élève, à une machinale répétition phonographique, ne conduisent point aux buts de l'éducation rationnelle en rapport avec les besoins individuels et sociaux. Les méthodes passives actuellement encore suivies dans la plupart de nos collèges convertissent les élèves en imitateurs serviles, en êtres sans énergie et sans initiative, annihilent les facultés innées et surtout la volonté, forment des esprits rétrogrades et même nocifs.

Certes, les méthodes actives sont plus compliquées et plus difficiles, exigent de la part des professeurs plus de préparation et beaucoup d'initiative, mais le but à atteindre dans l'intérêt de la jeunesse est tellement important qu'il n'est pas possible de marchander les sacrifices.

La préparation pédagogique des professeurs doit, comme dans l'enseignement primaire, être notablement améliorée.

La routine, le manque de travail et d'enthousiasme sont encore accentués par suite surtout du système de nominations et d'avancements basé sur les influences. Dans l'enseignement moyen du second degré, par exemple, il suffit, en Belgique, d'avoir un diplôme avec l'appui d'un homme politique influent pour arriver aux plus hauts postes de la hiérarchie sans nécessité d'aucune aptitude spéciale.

Aussi, les résultats sont peu satisfaisants et beaucoup d'éléments intelligents entrés dans les cadres cherchent le plus souvent à en sortir le plus tôt possible, et beaucoup d'autres, se voyant constamment dépassés par les protégés, font leur besogne machinalement.

Il faudrait que le recrutement du personnel enseignant fût organisé de façon que les places fussent accordées aux plus dignes et non aux plus recommandés, et que les professeurs fussent mieux garantis contre l'arbitraire et le bon plaisir administratifs.

Dans l'enseignement universitaire, où, sous l'impulsion de jeunes savants progressistes, de grands progrès se sont accomplis depuis vingt ans, le verbiage et le mnémonisme règnent cependant trop. Souvent encore, le professeur se présente devant les élèves qu'il ne connaît pas, expose théoriquement — même des cours scientifiques — pendant que des étudiants prennent des notes, d'autres suivant dans des cahiers copiés d'avance, d'autres bayant aux corneilles ou dessinant des bonshommes, tous s'ennuyant et sentant que c'est là une singulière culture des aptitudes. Aussi, ceux qui ne vont pas à certains cours, les étudiant plus ou moins par cœur pour les examens, où la mémoire joue le plus grand rôle, perdent moins leur temps en arrivant aux mêmes résultats.

Un bon cours n'est pas un cahier autographié ni un livre stéréotypé; le meilleur cours est celui qu'on peut suivre plusieurs années sans cesser d'apprendre, toujours divers, toujours nouveau.

Il y aurait certes à dire sur la défectueuse organisation pédagogique de ces études, où beaucoup de jeunes gens gâchent un temps précieux, nuisent à leur santé, accumulent superficiellement dans l'esprit, au moment des examens, des théories vagues vite oubliées.

Les conséquences d'une telle éducation de la jeunesse sont lamentables et néfastes. Les aptitudes restent endormies; par ce système scolastique, on forme des hommes d'autres temps; aussi, les hommes de valeur, les hommes d'action et d'initiative pour nos besoins actuels font de plus en plus défaut.

Nos administrations manquent souvent d'hommes capables et surtout d'hommes de caractère.

En politique, si le caractère, la capacité de résister aux tentations du pouvoir, aux sollicitations des amis fait défaut, l'on arrive à la corruption du favoritisme, à la coalition d'égoïsmes et d'appétits pour l'exploitation du pouvoir et de l'influence.

Dans les services publics, le manque de caractère et l'arrivisme par faveurs provoquent les ambitions sans scrupule, sèment la zizanie, émoussent l'honnêteté et nuisent au bon fonctionnement administratif.

Avant la guerre, on parlait ici rien moins que de recruter à l'étranger des fonctionnaires supérieurs de certaine administration *technique* dirigée par un ministre-avocat et où régnait le gâchis. Une grande banque de Bruxelles a dû appeler, en Allemagne, un directeur qu'elle ne trouvait pas ici. Ce manque de personnalités capables est certes dû, en grande partie, à notre système éducatif déficient.

La question des professeurs pédagogiquement bien préparés est importante. Il faut apprendre à enseigner; ramener les écoles normales à leur véritable rôle pédagogique et professionnel est des plus urgent.

Il est triste de constater la pauvreté et la routine des programmes et de l'enseignement de la psychologie et de la pédagogie dans nos écoles normales.

L'absence d'orientation moderne et de thèmes de vitale importance pour le maître saute aux yeux.

Qu'il nous suffise de remarquer que ces cours restent toujours basés sur l'ancienne conception des facultés de l'âme et de leur développement éducatif, base abandonnée par les psychologues versés dans la matière depuis l'époque déjà lointaine de Herbart. Mais les omissions de thèmes indispensables sont flagrantes : rien ou presque rien sur la conception moderne de la nature de l'éducation, c'est-à-dire sur la nature biologique de l'enfant, considéré comme un organisme qui vient au monde doué de certaines aptitudes de développement qui requièrent un milieu convenable et continuellement adapté à ses nécessités, pourvu d'innombrables tendances et de réactions originales dont la direction et le perfectionnement constituent l'essence même de l'éducation ; rien des instincts dans le sens moderne du mot; rien sur les intérêts congénitaux de l'enfant; rien sur l'influence de l'hérédité; rien sur les variations physico-psychologiques qui existent entre les individus; rien sur les différences psychiques des sexes; rien sur la nature de la conscience; rien sur l'aperception et les caractères du procédé éducatif; enfin rien ou presque rien sur les investigations patientes en matière de psychologie expérimentale des vingt-cinq dernières années.

Dans les cours de pédagogie et de méthodologie, ce sont les mêmes défauts et les mêmes vides : le manque d'orientations modernes et toujours la même base des théories du siècle passé. Presque aucun des grands problèmes de la pédagogie moderne et que tout instituteur et toute institutrice devrait connaître, n'est *discuté* aux cours : par exemple, l'influence de l'hérédité en matière d'éducation, la transmission des caractères acquis, le weismanisme ou néodarwinisme; les différences des individus et des races; les véritables aspirations de l'éducation considérée au point de vue biologique et sociologique; le développement physico-psychologique de l'enfant pendant la période scolaire; l'intérêt comme facteur de l'éducation;

les réactions congénitales et acquises de l'enfant;
la corrélation des matières d'enseignement; l'auto-
activité de l'enfant; les changements dans les
méthodes éducatives par les investigations psychologiques et paidologiques, etc. Et dans les livres
de méthodologie spéciale en usage, nous rencon-
trons toujours la même phraséologie creuse, les
mêmes topiques et idées surannés, la même présentation de procédés désuets, abandonnés dans
les écoles les plus avancées. Pour l'enseignement
de la lecture, par exemple, l'on ne parle pas des
recherches profondes sur la psychologie de cette
matière par Erdmann et Dodge, Dearborn, Gold-
scheider et Müller, Cattell, Zeitler, Messmer et
Huey. En arithmétique, on ne parle pas des théories récentes de Smith, Dewey et Mac Clellan, et
les mêmes observations conviennent aux méthodes
encore suivies en écriture, en géographie, en
histoire et dans l'étude de la nature. Les auteurs
modernes, comme Claparède, James, Münsterberg
et Dewey, sont inconnus à nos normalistes et les
cours de pédagogie sont, en général, plutôt une
masse informe de théories inexplicables et
d'omissions, de dissections scolastiques vieilles
et ridicules.

Ces considérations sont également vraies pour
la préparation professionnelle des professeurs de
l'enseignement moyen du degré supérieur, laquelle,
au point de vue pédagogique, est plus insuffisante
encore que celle des maîtres de l'enseignement
primaire et moyen du degré inférieur. Les doc-
teurs qui se destinent à l'enseignement n'ont pas

même un cours de physiologie et d'hygiène; leurs leçons de pédagogie et de méthodologie sont absolument insuffisantes et la pratique didactique leur manque complètement. Il est indispensable que le personnel enseignant des athénées et des collèges soit au courant des questions pédagogiques et que l'université qui prépare ce personnel soit forcée d'inscrire à son programme un enseignement sérieux de la science de l'éducation.

Nous entendons généralement proclamer par les professeurs d'athénées, l'inutilité de la pédagogie. C'est là une grave erreur; l'art d'enseigner ne s'acquiert pas spontanément, il est basé sur la biologie et sur la psychologie; et la façon dont cet enseignement est fait aujourd'hui prouve à l'évidence que les détracteurs de la science pédagogique ont grand tort.

Le système du recrutement du personnel enseignant doit être aussi modifié. Les institutions démocratiques qui interdisent de mettre l'Etat en suspicion lui interdisent aussi de mettre le personnel en tutelle. Certes, l'Etat qui paye a le droit et le devoir de contrôle. Mais contrôler et inspecter n'est pas gouverner. Et laisser à un ministre, souvent peu compétent et obéissant trop facilement à ses préférences et influences politiques, le droit seul de faire des nominations, est rendre à l'enseignement et au pays un très mauvais service. Un bon moyen serait celui des nominations par l'Etat sur présentation de trois candidats, par exemple, par place, par un comité électoral où les parents seraient représentés.

Les appointements des professeurs et surtout ceux de nos malheureux instituteurs, doivent être considérablement augmentés et mis en rapport avec l'importance de la mission sociale des éducateurs et avec les conditions présentes de l'existence.

XII

L'Évolution de l'Éducation

L'éducation doit évoluer avec la civilisation.

A l'état sauvage ou dans les pays barbares, un homme sait se suffire à lui-même. Il construit sa hutte; il trouve sa pâture; il vit. Dans les pays civilisés, l'homme abandonné de tous périrait. Il doit s'organiser et travailler. Plus la civilisation augmente, plus il y a de besoins et plus il faut d'aptitudes individuelles et sociales.

Celles-ci se développent par l'éducation qui doit se baser sur les circonstances du milieu où elle opère et sur la connaissance exacte du sujet à éduquer. Ces bases sont scrutées par la pédagogie expérimentale.

Des travaux et des ouvrages d'investigations importants ont été publiés par des laboratoires de psychologie expérimentale dont le premier, à Leipzig, date de 1878, et par des savants, comme Wundt, Chrisman, Sikorski, Höpfner, Bürgerstein, Lay, Binet, Mosso, Féré, Broca, Griesbach, Wagner, Mac Donald, Claparède, Spencer, Bain, Darwin, Schuyten, Van Biervliet, Mlle Yoteko, etc.

Ces expériences étudient patiemment et minutieusement tout ce qui a rapport au corps de l'enfant (poids, taille, santé, mensurations diverses, organes des sens, défauts et tares, affections nerveuses, signes intellectuels particuliers, hérédité, etc.); on observe l'enfant dans toutes ses manifestations intellectuelles et morales, ses habitudes, ses préférences, ses jeux, ses lectures, ses fréquentations; on compare les enfants entre eux et d'autres de même âge placés dans des milieux différents; on distingue les particularités de sexe, de races, de nationalités et de castes; on examine les variations de la force musculaire, l'influence de la température, des saisons, de la fatigue intellectuelle, les organes des sens, les conditions hygiéniques du travail, les aptitudes professionnelles, etc., etc.

De ces constatations et expériences scientifiques, on tire des conclusions précieuses à l'élaboration des programmes et des méthodes éducatives, et la pédagogie devient ainsi une science exacte qui illumine les conditions multiples de l'éducation humaine destinée à régénérer le corps social.

L'éducation devant préparer les meilleurs éléments sociaux possibles, sera elle-même soumise à la loi universelle de l'évolution, et restera toujours en rapport avec les progrès scientifiques et sociologiques.

On comprendra ainsi mieux, que l'éducation ne consiste pas seulement à fournir à l'enfant une certaine dose de connaissances, mais qu'elle a pour but de faire acquérir des qualités et des aptitudes

pour faire de l'enfant un homme bien doué physiquement, manuellement, intellectuellement et moralement, ainsi qu'un agent social bien conscient
de tous ses devoirs.

Et l'on admettra facilement que l'école actuelle,
résultat de l'empirisme, ne répond pas aux
exigences d'une telle éducation et que, pour la
réformer, il faut se baser sur les données précises
de l'expérimentation et non sur les élucubrations
théoriques d'avocats ou de philosophes.

Les recherches relatives à l'étude de l'enfant
ont créé une science nouvelle, la *paidologie* (du
gr. *paidos*, enfant), qui s'occupe de toutes les manifestations physico-psychologiques de l'enfance,
tant normale qu'anormale.

Jusqu'ici on a principalement étudié, dans les
laboratoires de paidologie, la mesure de la fatigue
intellectuelle, par des méthodes diverses (dictées,
numération de lettres ou de nombres, procédé de
la sensibilité tactile au moyen de l'esthésiomètre,
procédé dynamétrique, procédé d'Ebbinghaus,
etc.); les variations dynamométriques sous l'influence des excitations nerveuses; les variations
de l'affluence du sang au cerveau et dans les autres
tissus pendant le travail intellectuel, mesurées au
moyen du pléthismographe du docteur Mosso; la
suggestion mentale; les relations entre l'état
psychique et l'état somatique; le fonctionnement
du cœur sous l'influence du travail intellectuel;
les expériences sur l'activité des sens qui ont permis de démontrer qu'il y a moyen de perfectionner
les sens et par suite l'intelligence; la valeur poten-

tielle du plaisir sur l'organisme; Ch. Féré a cité des faits montrant la relation entre le développement cérébral et l'énergie des mouvements volontaires, constatant, entre autres, que l'énergie et l'adresse manuelle correspondent au développement intellectuel et que les professions manuelles qui exigent le plus d'adresse sont celles qui développent le plus l'intelligence, ce qui prouve que la motilité favorise la culture du cerveau. Féré a également étudié la psychologie du fœtus et a fait des constatations très importantes au point de vue éducatif, car l'éducation commence même avant la naissance; la physiologie de l'effort individuel et collectif, etc. Et puisque l'éducation est aussi un problème d'ordre sociologique, tendant à améliorer les unités composantes de la collectivité, l'école doit également tâcher de bien diriger ses membres vers une meilleure adaptation sociale.

Pour que l'évolution éducative ne soit pas contrariée, il faut la collaboration constante et intelligente de tous ceux qui interviennent dans l'éducation, les maîtres, les parents, les autorités, les hygiénistes, les médecins scolaires, et que leurs efforts soient bien coordonnés.

Il importe d'éclairer les parents sur le problème éducatif.

Il y a, en général, de la part des parents, deux tendances vicieuses : 1° celle de trop vinculer les enfants, avec la préoccupation exagérée de leur laisser un patrimoine pécuniaire ou une fonction sinécure, au lieu de les habituer à la confiance en eux-mêmes et de leur assurer une éducation virile

et d'en faire des hommes énergiques et indépendants de caractère; 2° celle de la compression
morale à tuer chez les enfants toute originalité et
toute personnalité, en les forçant à s'incliner toujours devant les parents et les maîtres, ce qui
constitue un véritable suicide moral.

La santé, l'habileté manuelle, l'autonomie et le
sentiment de responsabilité sont bien supérieurs à
la mièvrerie, à l'érudition classique et au servi-
lisme.

Il est indispensable que les éducateurs surtout
soient bien au courant de la science nouvelle, aient
étudié l'enfant à fond pour pouvoir le bien diriger,
connaissent à fond la science de la vie à laquelle
ils sont consacrés, et, ainsi, l'école prendra un
aspect plus positif, plus logique, plus sincère et
plus rationnel. Les méthodes d'enseignement surtout, basées aujourd'hui uniquement sur l'apprentissage mnémonique, doivent s'améliorer par les
principes physico-psychologiques pour que l'éducation prenne dès lors une autre direction plus
conforme à la nature et aux destinées de l'écolier.

Si les discussions byzantines, les écrits et décrets
oiseux et antiscientifiques, les efforts timides tentés
vers la transformation de l'organisation traditionnelle de notre enseignement n'ont pas réussi jusque
maintenant, malgré l'impression intime de la plupart des éducateurs qu'il y a quelque chose à faire,
c'est en grande partie parce qu'on ne voit que les
côtés accessoires du problème sans oser entamer
ouvertement les vieilles méthodes didactiques ne

répondant ni au véritable développement humain, ni à aucune des nécessités de la vie actuelle.

Les circulaires officielles à ce sujet touchant... tantôt à l'emploi du dictionnaire dans l'étude des langues, tantôt à la suppression d'un théorème de géométrie, tantôt à l'utilité des vers latins ou grecs, tantôt à l'opportunité d'abrutir davantage les élèves par des concours dits généraux, tantôt à la divi- sion de la leçon de gymnastique en douze ou treize parties, tantôt même au point épineux de savoir si le professeur doit rester debout ou assis pendant les leçons, etc. Ces instructions si profondes dont la difficile rédaction occupe parfois· nos pauvres inspecteurs pendant des mois, en disent long sur les idées éducatives de nos réformateurs officiels et prouvent qu'on pataugera encore longtemps dans la mare pédagogique ancestrale actuelle.

Et s'il y a, dans le personnel enseignant, beau- coup d'instituteurs et de professeurs intelligents qui feraient de bonne besogne s'ils disposaient de meilleurs éléments et si leurs idées et leurs efforts n'étaient pas constamment contrariés par l'obstruc- tionnisme officiel, il y en a aussi malheureusement dont l'état mental, dévié par la fausse direction de leurs·propres études et par le retard de leurs convictions philosophiques, n'est pas modifiable et qui pourraient être remplacés, devant leurs élèves, même avantageusement, par un simple phono- graphe.

L'évolution en toutes choses est lente; elle s'accomplira dans l'éducation après que les pro- fesseurs, les parents, les autorités et les législateurs seront suffisamment pénétrés de son impérieuse nécessité et de sa haute importance.

Pour cela, il faut dénoncer les erreurs sans répit, ridiculiser les procédés désuets, remuer l'indifférence publique jusqu'à ce que le vieil édifice s'écroule dans la boue et dans la poussière.

S'obstiner à construire des étages magnifiques sur un rez-de-chaussée vieux et vermoulu, manifestement incapable d'en supporter le poids, n'est que de la mauvaise architecture, il faut abattre le tout et édifier à neuf.

L'évolution de l'éducation arrivant à mieux révéler, développer et utiliser les aptitudes humaines doit aussi envisager la meilleure orientation de l'élément éduqué.

Aujourd'hui, cette orientation se fait au hasard des circonstances ambiantes, sans souci des dispositions naturelles des sujets ni des conséquences éventuelles qui sont généralement l'encombrement des carrières sédentaires et le manque d'unités pour les professions actives.

Sous peine de courir à une défaite certaine, il importe d'éviter le gaspillage des forces individuelles, il faut que chacun puisse s'employer dans la voie qui servira le mieux l'intérêt général sans préjudice de son intérêt et de ses convenances personnelles, il faut, en un mot, assurer une place à chacun, en mettant chacun à sa place.

Tout en étant partisan de l'éducation générale égale pour les deux sexes, il nous semble toutefois que les professions actives, l'industrie, l'agriculture, la colonisation, etc., sont naturellement dévo-

lues aux hommes, tandis que les professions sédentaires, les emplois des bureaux, ministériels et
autres, doivent revenir aux femmes.

Si dans la société, le travail féminin est un fait,
toutes les femmes ne pouvant pas rester au foyer, et
que la femme a, comme l'homme, des devoirs particuliers à remplir, il faut lui donner des emplois
de tout repos, plus conformes à sa constitution
physique, à ses aptitudes et à son rôle social, et
jamais les labeurs exténuants de l'industrie.

XIII

Les Œuvres complémentaires de l'école et l'éducation sociale

L'école doit être un centre et un foyer d'action.

L'école populaire surtout doit continuer cette action après sa sortie, en instruisant, en récréant, en secourant en commun ses anciens élèves pour mieux en faire des hommes et des citoyens.

C'est à l'instituteur et à l'institutrice principalement qu'il appartient de grouper autour de l'école le jeune homme et la jeune fille à l'âge critique où il est dangereux de les abandonner à eux-mêmes pour fonder la seconde instruction, plus profitable encore que la première, parce que c'est celle qu'on se donne mieux à soi-même.

Les institutions post-scolaires, déjà citées plus haut, ont augmenté dans de fortes proportions dans ces vingt dernières années.

Les *cours d'adultes* ont pris un caractère d'application plus pratique, les branches de luxe ou de pur agrément y sont de moins en moins en faveur.

Les *sociétés de lectures et de conférences* remplacent la veillée d'autrefois et constituent un précieux instrument de vulgarisation. Ces entretiens sont, au village, pour le paysan, un journal parlé, explicatif et pittoresque très intéressant et très utile. Ils sont surtout captivants, lorsqu'ils sont accompagnés de *projections lumineuses*.

Les *bibliothèques populaires et scolaires*, renfermant de préférence les ouvrages sur l'histoire, la littérature, les arts et les sciences, ainsi que les documents relatifs à l'histoire locale, n'ouvrent pas leurs portes, comme les bibliothèques publiques, à ceux qui ont le loisir de venir étudier, lire, consulter et faire des recherches, mais vont au-devant du lecteur en lui mettant en main le livre afin qu'il l'emporte à domicile, qu'il le retrouve à toute heure à son foyer, à sa table, à son chevet.

Les *sociétés d'instruction populaire*, dont il faut citer la *Ligue française de l'enseignement* fondée par Jean Macé en 1866, ont été les initiatrices du mouvement en faveur de l'école prolongée; elles semblent de plus en plus se porter vers l'instruction pratique appliquée à l'industrie, vers le savoir professionnel; elles s'inspirent des idées d'assistance morale et fraternelle, de solidarité qui pénètrent de plus en plus dans les consciences.

Les universités populaires ou *extensions universitaires* sont des cercles où des ouvriers, des commis, des bourgeois viennent s'entretenir familièrement avec des littérateurs, des savants, des artistes. On y trouve souvent en dehors des salles de conférences, de conversation et d'auditions musicales, une bibliothèque, des jeux divers, des salles de gymnastique, de douches, etc. Dans l'un des bulletins de la *Coopération des idées*, nous trouvons ainsi exposé le but de ces institutions :

« Notre ambition est grande; nous voulons la beauté, la vie morale pour tous; nous voulons que le peuple soit admis à ces biens qui constituent le patrimoine propre à l'humanité : nous voulons que, comme le soleil pour tous les yeux, la lumière intelligible se lève pour toutes les intelligences.

« Notre association ne propage aucune doctrine politique, religieuse ou philosophique particulière. Elle est une œuvre d'enseignement supérieur populaire et d'éducation éthique sociale. Elle s'interdit donc tout prosélytisme et n'exclut que l'exclusion. Elle ne veut pas, en divisant et en aigrissant les esprits, faire des partisans, mais, en les unissant dans la recherche sincère du vrai et du bien, dans la joie du beau, faire des hommes. L'esprit qui nous anime est un esprit libre... notre éducation sera cordiale. Ce qui fera sa force, sa fécondité, sa puissance de pénétration, c'est que, dans nos universités, le peuple sera chez lui, en famille, avec des amis sincères. Nous irons à l'âme, notre enseignement sera vivant. Nous pénétrerons le peuple dans ses plaisirs, dans ses travaux, dans ses souffrances. Aux jeunes générations, nous donnerons par là un puissant motif d'agir, une raison de vivre qui les dépasse. C'est en faisant plus de justice que nous établirons la concorde sociale. En voulant faire des hommes soumis, on fait des révoltés : nous voulons faire des hommes libres, des hommes de jugement sain, et donner à tous l'habitude de la réflexion et de la critique. »

Ce qui fait la force et assurera la durée de ces œuvres d'instruction et d'éducation post-scolaire populaires, c'est qu'elles répondent aux idées de solidarité dont se réclame la société contemporaine, c'est qu'elles se pénètrent, se prêtent un mutuel appui et qu'elles sont soutenues par tous les amis du peuple.

Une œuvre post-scolaire qui manque trop et qui devrait s'organiser partout, dans l'intérêt de l'enfant, c'est celle d'*écoles maternelles*, où l'on inculquerait aux mères appartenant surtout à la classe ouvrière, les principes indispensables d'hygiène, de puériculture et d'économie domestique. Ces classes s'annexeraient avantageusement aux crèches. Les élèves, jeunes filles de quatorze à vingt ans, s'y occuperaient des enfants pris en garde, tout en apprenant la couture, le blanchissage, la cuisine, le jardinage, en un mot la tenue et l'administration d'un intérieur. Les femmes mariées admises aux cours et conférences, pourraient même y amener leurs bébés qu'on pèserait périodiquement et qui seraient sous la surveillance du médecin attaché à ces cours.

Les mères iraient là volontiers demander conseil, et même assistance en certains cas. Elles y prendraient le goût de la vie saine, confortable ; elles y trouveraient l'exemple d'un intérieur propre et agréable, si bien que toute la famille bénéficierait de ces heureux résultats, et que la mentalité ouvrière s'en trouverait considérablement améliorée.

* *
*

Ce qu'il faut aussi développer chez l'homme, comme élément de la collectivité, c'est l'*éducation sociale*.

Tout homme possède deux sortes de ressources : celles qu'il développe lui-même par l'exercice de sa propre activité et celles qui lui viennent de l'organisation sociale; tout individu est solidaire des individus qui composent la société, de ceux qui l'ont précédé et de ceux qui l'y suivront. Tout individu manquant à rendre à la société sa part de services est un parasite et un voleur envers l'ensemble social.

L'homme, quoi que l'on dise, et quoi que l'on puisse voir superficiellement, est un être essentiellement sociable. Moralement, intellectuellement, matériellement, il a besoin de ses semblables, il vit en eux et par eux; les ermites sont des phénomènes, des exceptions confirmant la règle.

C'est une erreur de croire que nos sentiments naturels sont des entraves à de meilleures institutions, à des organismes sociaux supérieurs.

L'égoïsme, forme de l'instinct de conservation, sentiment naturel, s'il n'est pas exagéré, n'est pas une entrave à l'évolution.

La solidarité procède même souvent de l'égoïsme. Par exemple :

Une loi rend responsables les instituteurs et institutrices des accidents survenus à leurs élèves pendant les classes et pendant les récréations. Les maîtres et maîtresses se sentant menacés par cette loi, décidèrent, en France, la création d'une caisse d'entr'aide pour, le cas échéant, venir au secours du collègue condamné.

Les sociétés de secours mutuels, les coopératives, les syndicats et autres groupements sont formés par des individus recherchant leurs satisfactions personnelles par l'entr'aide.

L'homme veut vivre, il veut bien vivre. Mais il lui faut une ambiance, des milieux propres, sains, harmonieux pour cela. Pas de miséreux hâves, en loques, menaçant sa tranquillité, sa vie. Pas d'ivrognes, d'alcooliques sujets au crime, à la procréation de dégénérés, troublant sa quiétude, augmentant ses charges sociales. Pas de syphilitiques, de tuberculeux, ces affreux maux qui peuvent l'atteindre ou atteindre les siens.

Son égoïsme, son amour de soi, le portent donc logiquement à chercher la source de toutes ces entraves à l'harmonie de sa vie pour la tarir.

Il doit comprendre que son bonheur dépend du bonheur des autres, sa vie de la vie des autres.

Ce n'est pas l'égoïsme naturel, modéré, qui est une entrave à la bonne organisation sociale, mais bien l'ignorance et la bêtise des hommes.

Aussi, il est nécessaire que chaque individu connaisse bien les conditions réelles de sa vie, ses attaches multiples et constantes avec ses semblables passés, présents et futurs, les ressources sociales, les devoirs qui lui incombent et les qualités qui lui sont indispensables pour remplir ces devoirs, pour être, comme c'est la loi de tout le monde, un élément utile et conscient de la société.

C'est cette éducation spéciale de l'individu considéré comme élément de la société, que nous appelons *éducation sociale*.

Nous baignons tous dans une atmosphère sociale dont nous recevons de quoi respirer et vivre. Les enfants d'aujourd'hui sont les coopérateurs et les syndiqués de demain. Il faut que dès leur plus jeune âge, ils sachent qu'ils se préparent à devenir un élément actif et conscient solidaire de la société.

L'homme naît débiteur de l'association humaine et il a charge d'accroître l'héritage reçu. La solidarité est le lien qui l'attache au passé et le rattache à l'avenir. De là, la nécessité d'une dépendance mutuelle naturelle avec tous les hommes, condition de vie, d'un développement de la liberté individuelle, condition de progrès, et d'une conception sociale de la justice, condition de l'ordre.

L'organe nouveau de la solidarité, c'est la libre association. Dans l'ordre de l'assistance, elle s'appelle *Mutualité* ou *Société de secours mutuel;* dans l'ordre de l'économie et de la prévoyance, *Caisse d'épargne, Caisse d'assurance, Caisse de retraite;* dans l'ordre de la consommation, de l'instruction, du crédit, *Société coopérative, Université populaire, Banque populaire;* dans l'ordre de la protection du travail et du commerce, *Syndicat professionnel,* etc.

Ces institutions ont besoin d'une direction intelligente et honnête pour être efficaces. Les éducateurs doivent y contribuer beaucoup et y préparer les enfants.

La classe ordinaire est d'ailleurs un admirable milieu social qui se prête fort bien à cette éducation de la solidarité. Mais pour cela, encore une fois, il faut rompre avec les errements du passé et y introduire un esprit nouveau.

La première place de mérite doit toujours être réservée au plus capable, il ne faut jamais d'injustice ; il faut combattre les tendances égoïstes, bannir les récompenses matérielles, les prix ; les myopes seront placés le plus près du tableau noir, les sourds le plus près du professeur, les autres par rang de taille ; il ne faut pas développer la vanité, c'est en faisant comparer l'enfant à lui-même et non pas aux autres qu'on l'encourage le mieux à des efforts successifs. Il importe aussi de montrer aux élèves que leurs efforts individuels concourent au progrès de la collectivité et qu'une classe ne sera brillante qu'autant que chacun des élèves contribuera au résultat par un travail sérieux et persévérant.

M. Bocquillon, instituteur à Paris, propose, comme moyen disciplinaire, l'arbitrage des condisciples. Il entend, à l'école déjà, exercer le sens de la justice chez les enfants, habituer le futur citoyen à penser par lui-même, à émettre une opinion libre, à ne pas compter sur l'intervention supérieure pour trancher les petits différends de la vie.

Avant M. Bocquillon, M. Léon Bourgeois recommandait l'*examen de conscience sociale* parmi les moyens à utiliser pour développer le sens social de l'enfant : « Il faut, écrit l'ancien Ministre de l'instruction publique, appeler fréquemment l'enfant à s'interroger, à se demander combien de fois dans la journée il a oublié qu'il était l'associé de son camarade, de son maître. Peu à peu, il arrivera ainsi à s'habituer à l'idée de solidarité, qui finira par faire partie de sa volonté, de son désir, pour se transformer en action. »

- L'école fait appel, dit M. Bocquillon, à l'intelligence et à la raison de l'enfant; elle lui dit : « Que pensez-vous de cela, mon ami? » ou encore : « Qui a fait cela? » Et sans aucune pression, l'enfant, librement et loyalement, répond : « Je pense ainsi » ou : « C'est moi! » sans qu'on lui tienne d'ailleurs aucunement rancune de ses erreurs ou de ses faiblesses. L'aveu sincère d'une faute, loin d'asservir son auteur, le libère, au contraire.

- On peut aussi préconiser les services mutuels à se rendre entre élèves, les échanges et les dons d'objets de travaux manuels confectionnés, les cotisations en faveur d'un enfant pauvre, les récompenses collectives au lieu des prix individuels, ou, comme E. de Amicis dans *Cuore*, la lecture ou le récit d'une attrayante histoire par le maître.

En France, les associations *Amicales* d'anciens élèves contribuent puissamment à cette éducation de la solidarité. Ces associations amicales prolongent l'influence de l'école, attirent les jeunes gens, le dimanche, par des récréations saines, morales et attrayantes, et les éloignent des jeux grossiers de la rue et du cabaret. Elles établissent des liens de bonne camaraderie entre les adolescents, les placent convenablement après leur sortie de l'école, forment leur cœur au respect des personnes et de leurs convictions.

Pas plus que pour la morale, il n'est pas nécessaire de faire de l'éducation sociale une branche d'étude spéciale; le maître qui comprend son devoir social peut, dans tout son enseignement, faire ressortir les grandes idées de solidarité, de fraternité qui doivent animer tous les hommes.

Même dans l'enseignement secondaire, ce cours de sociologie dont on a déjà préconisé l'introduction, n'est pas nécessaire, pour réaliser cette éducation sociale qui se fait aisément par la littérature, l'histoire, la géographie, les sciences, en faisant trouver à l'élève que chaque partie du monde, et chaque homme dans sa partie, sert son intérêt propre en servant l'intérêt de tous.

Tout l'enseignement éducatif, d'ailleurs, tel que nous le concevons, contribue puissamment à la même éducation sociale, parce qu'il se propose de faire de l'enfant l'homme de demain, un instrument de bonheur non seulement pour lui-même, mais pour les autres.

Il faut pénétrer l'action éducative de l'idée altruiste, de l'utilité de nos aptitudes au service d'autrui et au service de la société. Nous devons nous élever pour nous et pour les autres.

> Si l'homme a su dompter la sauvage nature
> Et soumettre la force, il ne l'a dû qu'à lui;
> S'il doit connaître un jour l'existence moins dure,
> C'est qu'il saura se vaincre, et vivre pour autrui.

XIV

Quelques mots de l'éducation aux États-Unis

Ayant visité, il y a quelques années, à New-York, plusieurs écoles de divers degrés, nous avons pu constater qu'en Amérique la tradition ne pèse pas sur les institutions scolaires. Aussi, l'esprit qui les inspire est logique, rationnel, empreint de nouveauté et de progrès.

L'Amérique n'a pas de système d'éducation uniforme. Le pays est des plus décentralisé. Mais l'unité de direction réside dans l'esprit public qui tend à la culture de l'énergie, de l'action et du sentiment de l'honneur et de la responsabilité. Dans aucun pays l'étude n'est mise avec plus de facilité à la portée de tout le monde; le droit à l'éducation y est universel. Et, comme l'Américain est pratique de nature, il ne maintient que des institutions pratiques.

L'organisation scolaire américaine comprend :

1° Les écoles publiques élémentaires (8 ans);

2° Les écoles publiques secondaires (4 ans);

3° Les collèges (4 ans);

4° Les écoles normales (2 ou 4 ans);

5° Les universités de l'État;

6° Les sections techniques et pédagogiques annexées aux écoles secondaires et aux universités.

L'enseignement public est gratuit.

Certains grands établissements comprennent l'enseignement primaire, l'enseignement secondaire, l'enseignement normal et même supérieur dans le même local. Les écoles de tous les degrés sont des centres d'éducation, tandis qu'en Europe elles sont des établissements d'instruction.

La co-éducation est générale. Il n'y a de différence que pour les cours de gymnastique et les cours professionnels et ménagers pour jeunes filles.

On fait peu d'études à base classique bien que le latin fasse encore partie des programmes des collèges. On veut une école pratique, utilitaire. Le travail manuel, surtout le travail pratique du bois et du fer, fait partie de l'enseignement secondaire. Les élèves deviennent propriétaires des objets fabriqués sans défaut; aussi, ils les exécutent généralement très bien.

L'éducation scolaire américaine cherche à découvrir l'homme dans l'écolier et à le préparer à son rôle social démocratique, au sens large et pratique des affaires publiques. Le principe qui domine dans les collèges et les universités est celui des *clear ideas*, chères à John Locke.

La discipline est toute différente de celle de nos écoles. C'est la discipline volontaire. L'élève est libre, du moins dès l'école secondaire; il entre quand il veut, mais il arrive rarement en retard; s'il doit sortir pendant une leçon, il le fait sans devoir le demander au professeur; nous n'avons pas vu de surveillants pendant les repos et jamais de désordre. Dans les grandes écoles, les élèves ont la faculté de prendre une collation à midi. A cet effet, il y a dans une espèce de préau couvert des tables et des bancs, où l'on sert aux élèves, à volonté, des sandwichs, de l'eau minérale, du café, du chocolat, des oranges, des fruits, etc., à des prix très modérés. Dans certaines écoles populaires, un repas est servi gratis aux enfants pauvres.

L'enseignement est fait par des professeurs capables, dont beaucoup de femmes. Nous avons rencontré pas mal de professeurs européens.

Il nous a semblé qu'on abuse un peu des livres manuels, des textes, et qu'en cela on ne suit guère les préceptes de Spencer, oubliant que le pire des livres d'éducation, c'est le manuel. Les livres classiques à l'usage des élèves sont conservés en classe dans une armoire spéciale; au commencement de chaque leçon on les distribue.

Les méthodes de lecture et du chant sont différentes des nôtres. La base en est le texte intuitif et la musique à vue. Pour la lecture, le point de départ est la phrase basée sur une idée intuitive complète bien conçue par l'enfant. L'idée de la phrase à lire est associée aux objets, aux actions ou à une représentation graphique. La méthode est essentiellement active et intéressante et donne dès résultats pratiques plus rapides que nos méthodes actuelles.

L'intuition et la pratique jouent un grand rôle dans les écoles américaines. L'enseignement abstrait est réduit à la portion congrue.

Dès l'enseignement secondaire, les branches d'enseignement sont facultatives, l'élève choisit. On laisse à la spontanéité, à l'individualité libre essor.

Pour explorer des territoires, bâtir des villes, des chemins de fer, créer des fabriques et des manufactures, etc., il faut des citoyens hardis, novateurs, résolus et entreprenants; à ceux-là, notre système éducatif de contrainte ne vaut rien. L'éducation doit préparer à l'action, à l'initiative, à l'indépendance, à la confiance en soi-même.

On fait beaucoup d'arithmétique, beaucoup de bonne géographie; en revanche, beaucoup moins d'histoire et d'orthographe; on dessine beaucoup, on écrit l'écriture droite; on exerce beaucoup les yeux et la main. Dans plusieurs classes primaires, nous avons vu, pour les leçons intuitives et actives de géographie, la table creuse avec le sable ou la terre glaise.

Le milieu dans lequel l'enfant vit, le milieu actuel, le monde réel, la nature; voilà ce qu'on tâche de révéler au petit Yankee; et, en contact permanent avec cette nature qui agit sur lui et sur laquelle il doit à son tour agir plus tard, il connaîtra les forces, les manifestations naturelles qu'il aura à maîtriser et à dompter.

La pédagogie américaine est basée sur l'herbartisme, sur les principes de la concentration des étapes historiques et de l'intérêt basé sur l'aperception.

Les branches qui ont pour but l'étude de la nature y sont considérées comme essentielles. Le dessin est pratiqué dans toutes les leçons; il accompagne, dès l'école primaire, toutes les activités scolaires. Le dessin supplée avantageusement au manque de loquacité du professenr. Pas une leçon d'intuition, de géographie, de lecture, de rédaction, d'histoire, qui ne soit illustrée par des dessins du maître et de l'élève.

La pédagogie est d'ailleurs très bien enseignée dans les écoles normales et dans les universités et collèges, à *sections de teachers*, munis de laboratoires de physico-psychologie où la méthode expérimentale et les enquêtes pédagogiques et paidologiques règent en maîtresses.

Parmi les établissements pédagogiques spéciaux où se forment les instituteurs et professeurs, il faut citer le *Teachers College* de New-York, la section de pédagogie de l'*Université de Columbia* et le *Chicago Institute*, sorte de « pædagogium » complet, sous la direction du colonel Parker, qui comprend, comme écoles d'application, les classes à partir du jardin d'enfants jusqu'au collège et a pour but la préparation de bons éducateurs.

Le père de la pédagogie américaine est *Horace Mann* (1796-1853) qui a, comme législateur et organisateur scolaire, prêché à ses concitoyens que, pour avoir de bonnes écoles, il fallait de bons maîtres formés dans de bonnes écoles normales.

« Dans une république, écrit Mann, l'ignorance est un crime et les fautes qu'elle engendre ne sont pas moins un opprobre pour l'Etat qu'une honte pour les coupables. »

Horace Mann fut secondé par *Channing* (1780-1842), le « Fénelon américain », un des défenseurs les plus enthousiastes et les plus sincères de l'éducation de la démocratie et de l'instruction populaire. Ami de l'ouvrier, à qui il s'est efforcé de persuader qu'il n'y a qu'une égalité, l'élévation morale, et qu'un seul moyen de se perfectionner, le travail, ses meilleurs écrits ont précisément pour objet l'éducation qu'on se donne à soi-même et l'éducation des classes laborieuses.

« Il faut plus de sagesse pour élever un enfant que pour gouverner un Etat, » a dit Channing.

Les professeurs et les dirigeants de l'enseignement américain sont à l'abri de toute influence politique, ce fléau des démocraties, qui paralyse chez nous tout effort pédagogique progressiste.

Deux faits expliquent le développement extraordinaire des institutions scolaires américaines : le nombre croissant des maîtres toujours plus instruits, toujours mieux préparés à leur tâche et, d'autre part, un contrôle toujours plus sévère des études exercé par des inspecteurs expérimentés et autorisés qui ne dépendent d'aucune influence politique.

John Dewey, professeur à l'Université de New-York, avec ses disciples *King* et *Miller*, représentent une école pédagogique encore peu connue et qui ouvrira de nouveaux horizons à la science de l'éducation, surtout au point de vue sociologique.

Dewey a publié, entre autres, un programme d'histoire à l'école primaire qui donne à l'enfant une compréhension profonde et exacte des principes et des faits de la vie sociale dont il fait partie comme facteur intelligent et conscient.

Les sacrifices financiers consentis par les divers Etats en faveur de l'éducation sont énormes; le budget de l'instruction publique s'élève à 200 millions de dollars par an. Rien n'est assez beau·ni assez bon pour les enfants du peuple.

Nous avons eu l'occasion de visiter l'école normale, d'*Albany* (New-York) où l'un de nos meilleurs élèves de Lima se trouvait envoyé par le gouvernement du Pérou pour y perfectionner ses études normales.

Le bâtiment de l'école, isolé de toute autre construction, est vaste et imposant. Il se compose de plusieurs dépendances. Des jardins, des arbres, des places de jeux l'entourent. L'installation intérieure est des plus confortables. Les laboratoires de sciences, de cosmographie, d'économie domestique, de psychologie expérimentale, etc., sont admirables. Le mobilier est magnifique. Les pupitres des classes sont unipersonnels. Il y a une splendide salle de fêtes pouvant contenir mille personnes. Les appareils de chauffage, d'éclairage et de laboratoires sont à l'électricité.

Les élèves, dont les deux tiers sont des femmes, sont réguliers ou libres; les premiers, qui passent leurs examens et sont admis seulement après avoir terminé l'enseignement moyen, signent, en entrant, la déclaration suivante :

« Nous soussignés, déclarons que notre but est de remplir plus tard, de façon convenable, les fonctions de maîtres de l'enseignement de l'Etat. »

La durée des cours est de deux ans pour l'enseignement primaire et de quatre ans pour professeurs d'enseignement moyen ; les diplômes de ces derniers prennent les titres de : bachelier en arts et lettres, bachelier en sciences, bachelier en langues vivantes, bachelier en sciences commerciales, bachelier en travail manuel, bachelier en économie domestique et arts décoratifs (*fines artes*).

Dans chaque groupe d'études, les cours pédagogiques spéciaux sont des plus importants.

Pour la pratique méthodologique, il y a une école modèle annexe composée d'un jardin d'enfants, d'une école élémentaire, d'une section primaire supérieure et d'une section d'enseignement secondaire.

L'école élémentaire et le *Kindergarten* sont régentés par des femmes.

L'année scolaire commence en septembre et termine fin juin ; les samedis et dimanches sont jours de repos ; il y a quinze jours de vacances à Noël et quinze jours à Pâques.

Les leçons sont de quarante-cinq minutes ; il y a cours de 9 à 12 et de 1 à 5 heures. Mais chaque élève n'a jamais plus de cinq heures de travail par jour.

Les manuels classiques sont admirables, surtout comme impression et illustrations; mais, comme en Europe, il y en a trop.

Après 5 heures, on ne revient à l'école que les jours de soirée, de conférences ou de séances musicales.

Dans les écoles américaines, on ne connaît pas les punitions, sinon en cas exceptionnels. Un jour, un élève avait commis une faute grave. Le directeur réunit les élèves de la classe à la cour, invoqua la noblesse du coupable pour qu'il se dénonce afin de ne pas faire peser la suspicion sur ses camarades. Sans hésiter, le coupable sortit des rangs et le directeur lui pardonne devant ses condisciples satisfaits.

L'impression qui reste après avoir visité les écoles des États-Unis, c'est qu'il y a là quelque chose qui n'existe pas chez nous, quelque chose de plus naturel, de plus pratique, de plus utile. L'enseignement sort des formes conventionnelles, des notions abstraites pour mieux se conformer à la vie réelle tout en respectant la personnalité des élèves qui, ainsi, développent mieux et plus librement leurs forces pour devenir des éléments sociaux plus capables et plus conscients.

Contrairement à ce qui se fait chez nous, où n'importe quel avocat politicien arrive à présider aux destinées de notre enseignement public, en Amérique, les questions pédagogiques restent l'affaire des hommes d'école, des professionnels, et les tendances éducatrices y gagnent énormément.

XV

L'Organisation scolaire nouvelle

> L'humanité n'est pas le bœuf à courte haleine,
> Qui creuse à pas égaux son sillon dans la plaine
> Et revient ruminer sur un sillon pareil ;
> C'est l'aigle rajeuni qui change son plumage
> Et remonte affronter, de nuage en nuage,
> Les plus hauts rayons du soleil !

L'éducation de nos jours n'étant plus conforme aux idées modernes, il faut donc des écoles nouvelles à tendances plus scientifiques, plus conformes à la réalité, moins métaphysiques et plus en concordance avec la nature individuelle de l'écolier.

L'école actuelle ne forme pas des hommes libres en possession des moyens physiques, psychiques et sociaux, propres à assurer le bonheur réel de la vie. Elle façonne la totalité des élèves d'après le même modèle, d'après les mêmes méthodes, alors que les enfants diffèrent tous les uns des autres.

On compromet gravement la parfaite éducation et l'adaptation sociale convenable, en tendant toute une génération sur un même lit de Procuste, l'obligeant de se conformer à une règle uniforme, contrariant ainsi la marche naturelle du développement des personnalités.

Il faut plier les procédés d'éducation aux besoins individuels, en tenant compte des particularités physiologiques, psychologiques et morales.

L'idée de répartir les élèves selon ces particularités a été réalisée dans certaines écoles et, entre autres, à Mannheim, en Allemagne, et à Zurich, en Suisse, il y a une vingtaine d'années, et a donné les meilleurs résultats.

La base du système de ces écoles est le groupement des écoliers conformément à leurs capacités mentales. Ce mode de classement est justifié par les considérations suivantes :

1° Les capacités mentales des écoliers de même âge sont extraordinairement diverses, et cela pour des raisons physiologiques, psychologiques, pathologiques et sociales.

2° Les programmes d'enseignement admettent que le même âge entraîne la même capacité d'instruction et d'éducation pour tous les enfants. Mais l'expérience montre qu'en réalité les enfants d'un même âge se partagent au point de vue de leurs progrès scolaires en trois catégories :

a) Les écoliers bien doués, en état de suivre régulièrement et avec fruit tous les degrés de l'enseignement;

b) Les élèves moins bien doués ou moins développés qui, pour des raisons diverses (maladies, voyages, changements fréquents de domicile, etc.), n'ont pu avancer d'une façon régulière et entrent dans la vie avec une instruction fragmentaire et insuffisante;

c) Les élèves faibles et maladifs qui passent toute leur vie scolaire dans les classes inférieures.

3° Le mode de classement actuel, basé sur l'âge des élèves, doit être complété par une répartition tenant compte de leurs capacités.

4° Pour s'adapter aux trois groupements d'élèves de même âge dont il est fait mention plus haut, l'enseignement doit être divisé en au moins trois sections différentes.

Le programme des classes ordinaires est réparti en huit années d'études; l'instruction est, en effet, obligatoire de six à quatorze ans. Celui des classes de répétition est réparti en six années d'études; les quatre premières années constituent les véritables classes de répétition; les deux dernières années d'études sont les classes finales. Enfin, le programme des classes médico-pédagogiques est réparti en quatre années d'études. A moins d'indications particulières, les élèves sont d'abord admis dans les classes ordinaires et ne sont répartis dans leur degré respectif qu'après une période d'essai.

Les trois catégories de classes : classes ordinaires, classes de répétition, classes médico pédagogiques, forment un tout complet. Elles ne réalisent pas des enseignements sans contact, au contraire, il existe entre elles une cohésion telle que les échanges d'élèves s'opèrent très facilement entre les différents systèmes. Le déplacement d'un enfant d'une catégorie dans une autre se fait sans aucune complication.

Aux États-Unis d'Amérique et dans les grands centres européens, on a créé aussi des écoles pour enfants arriérés ou anormaux, qu'à Bruxelles on a appelées écoles d'enseignement spécial. Ces classes sont destinées aux arriérés pédagogiques, c'est-à-dire aux enfants pour lesquels le régime de l'enseignement ordinaire ne convient pas. Les excellents résultats obtenus sont indéniables et prouvent à l'évidence aux déterministes la haute influence de l'éducation.

En Allemagne, la *New-School* anglaise d'Abbotsholme, la cellule initiale de l'éducation nouvelle, fleurit sous la dénomination de *Land-Erziehungs-heim* et a été introduite aussi en France et en Suisse.

Lietz, le fondateur de ces home d'éducation à la campagne, en formule la nécessité pédagogique comme suit :

« Sortez, dit-il, l'enfant des milieux délétères de la ville, des lycées-casernes, de l'atmosphère scolastique et moyenageuse où il étouffe! Le grand air, la liberté, une instruction qui s'adresse à la raison plus qu'à la mémoire, une éducation qui forme le caractère, qui lui donne l'indépendance et le prépare à une vie d'initiative : voilà quels sont les desiderata de l'éducation. » C'est lui encore qui écrit : « Nous voulons former des caractères équilibrés, faits de noblesse et d'indépendance, des individualités capables d'une activité féconde dans tous les domaines, scientifique, artistique et pratique. Nous voulons une jeunesse heureuse, saine de corps et d'âme, des jeunes gens dont la pensée soit claire et vigoureuse, dont le cœur sache vibrer et dont la volonté soit forte et courageuse. »

En Angleterre, il y a, en dehors de la *New-School* d'Abbotsholme, fondée en 1889, par M. Cecil Reddie, la grande école mixte de Bedales, près de Petersfield, établie par M. Badley, un des professeurs de Reddie.

La première école nouvelle du même genre fut créée en France, à Verneuil-sur-Avre, en 1899, par Edmond Demolins sous la dénomination d'Ecole des Roches.

Depuis lors, cinq établissements similaires y ont

été fondés, grâce à la foi et à l'activité pédagogiques de jeunes apôtres et à l'appui pécuniaire de l'initiative privée : à Liancourt (Oise), à Monville (Seine-Inférieure), à Chalais (Charente), à Blanquefort, près de Bordeaux, et à Epône (Seine-et-Oise).

La Suisse possède aussi plusieurs institutions d'éducation nouvelle, dont la première date de 1902 : à Glarisegg (Thurgovie), à Kaltbrunn (Saint-Gall), à Chailly-sur-Lausanne, à La Châtaigneraie-sur-Coppet (Vaud).

Cette liste n'est évidemment pas complète; sans compter qu'il existe des écoles semblables en Hollande, au Danemark, en Autriche, en Italie.

Il est étonnant et regrettable que la Belgique, où MM. Elslander et Jonkheere ont cependant si bien écrit en faveur de ces nouvelles idées, soit vraiment en retard dans la réalisation d'un tel idéal pédagogique qui a sur la formation de la jeunesse les plus heureux effets, lui donnant la santé, la liberté, l'amour de la science, le sentiment du devoir et la noblesse de la conscience; en un mot qui forme des hommes.

L'école nouvelle est généralement située en pleine campagne, loin des bruits des villes, entourée de verdure, de bois, de fleurs; on y vit, dans une atmosphère familiale, d'une vie hygiénique et sobre, en contact intime avec la nature. Les travaux des champs, les travaux manuels, la gymnastique, les promenades et excursions, les jeux et les sports, les ablutions et la natation, toutes ces activités font nécessairement partie du travail journalier, parce qu'elles procurent l'énergie en même temps que les connaissances.

Les leçons se font le plus possible en plein air. Les méthodes d'enseignement sont basées sur l'observation et sur l'intérêt; l'esprit d'initiative de l'élève est exercé constamment; le professeur est l'ami du disciple. Le dessin naturel s'emploie beaucoup; l'élève dessine ce qu'il voit, ce qu'il étudie.

L'éducation morale se fait par la liberté et pour la liberté et ainsi l'élève arrive à se diriger lui-même, à former son individualité en y développant le sentiment de responsabilité.

L'école nouvelle est une œuvre qui aura sur les réformes scolaires une très grande influence ; c'est un véritable laboratoire de pédagogie pratique.

Les excellents résultats de ces établissements porteront leurs bons effets à l'école ordinaire qui nécessairement se transformera. Ce qu'il faudrait arriver à réaliser au plus tôt dans l'enseignement actuel, en attendant de transplanter définitivement l'école en dehors des agglomérations, c'est d'y introduire d'autres méthodes plus pratiques, surtout l'*activité manuelle* qui ferait partout place aux méthodes désuètes du verbiage et de l'étude mnémonique. Herbart, le premier philosophe qui ait conçu la pédagogie sous une forme rigoureusement systématique et formulé le principe de l'enseignement éducatif, a dit que « tout homme devrait apprendre à se servir de ses mains, car la main a sa place d'honneur à côté de la langue,pour élever l'homme au-dessus des animaux.».

En préconisant le travail manuel comme base

de l'éducation, il ne s'agit pas tant de l'importance de ce travail au point de vue physique, ou de l'apprentissage d'un métier, ainsi qu'on le considère généralement, mais de sa valeur intrinsèque de développement de toutes nos aptitudes, car ce n'est que par l'activité complète qu'on arrive à la connaissance parfaite et à l'épanouissement de toutes nos qualités. Or, l'activité n'est complète que lorsque tout l'être est intervenu, lorsque l'on a, en quelque sorte, matérialisé l'objet des études. Et tout n'est pas exagération dans le principe d'Anaxagore : « L'homme pense parce qu'il a une main. » Lorsque l'homme pense tout l'être entre en mouvement, a dit Féré.

En unissant toujours le travail intellectuel au travail manuel, on s'habitue mieux à réfléchir à ce qu'on fait, on établit une union intime entre l'esprit et la main et l'on réalise un travail réellement intelligent. Les occupations manuelles doivent pénétrer dans nos écoles indistinctement pour animer, concrétiser et préciser l'enseignement. Elles y introduiront la vie, rendront les leçons réellement pratiques, développeront l'esprit d'observation et de comparaison, l'imagination, éveilleront la spontanéité et l'esprit d'initiative et remplaceront enfin l'enseignement de mots, de théories mal comprises et mal assimilées par un enseignement concret et actif de faits lumineux.

XVI

L'École future d'après
les données actuelles

Nous voulons, créant sans secousse
L'apaisement universel,
Sur les charniers où l'herbe pousse
Bâtir le temple fraternel;
Nous voulons l'aurore nouvelle,
L'amour ouvrant partout son aile,
Le ciel plus doux, *l'homme meilleur*,
Et dans l'existence éphémère,
Ce qu'on appelle la chimère
De notre siècle travailleur.

Malgré la lenteur des progrès, on peut dire que le problème de la réforme de l'éducation est à l'ordre du jour dans tous les pays. C'est que partout l'on sent que le système actuel n'est pas parfait, et d'ailleurs la marche de la civilisation bouleversant les vieux moules de la pensée ouvre à l'activité de l'homme un monde nouveau.

La densité croissante de la population, les progrès des sciences et de l'industrie, l'accroissement constant du machinisme, les transformations dans la vie ouvrière avec le vide fait dans les campagnes par les mille ventouses des villes tentaculaires, le besoin de débouchés au dehors, l'évolution de la forme sociale exigent de l'individu d'autres aptitudes qu'il ne peut acquérir que par la modification de sa préparation et de sa mentalité.

Jusqu'au xixe siècle, on a vécu sur la tradition que jésuites et jansénistes avaient établie dès le xviie siècle. Il était facile alors de rassembler dans un cadre plus ou moins précis l'ensemble des connaissances essentielles que devait posséder un homme de qualité.

L'éducation classique se trouvait à la base et aboutissait à ce couronnement de philosophie spéculative et métaphysique par lequel on essayait de construire un édifice de croyance commune qui pût consolider la conception religieuse de l'ancien monde chrétien.

Mais avec l'ère moderne surgissent de nouvelles idées sous l'effet des penseurs, surtout en France, et Napoléon Ier établit ses lycées impériaux.

Ce fut la première affirmation d'un plan d'études qui, délaissant avec timidité l'influence classique et la prédominance écrasante d'une philosophie spéculative, commençait à s'ouvrir aux sciences et aux arts, qui ont bouleversé le monde moderne.

La lutte entre la tradition classique et les études modernes n'est pas encore terminée; à chaque pas en avant correspond un recul; mais de chaque effort il résulte un progrès en faveur du modernisme qui finira par briser définitivement le vieux moule.

La nécessité d'un enseignement vaste persiste, mais l'ensemble des connaissances s'est partagé en

plusieurs directions préparant les élèves aux activités différentes de la vie.

L'éducation, aujourd'hui, n'est plus non plus le
privilège d'une classe, elle s'adresse à toute la
masse sociale. Mais pour bien préparer cette masse
à l'action commune de l'œuvre collective, on ne
peut pas se fier à son sentiment impulsif, il faut,
par une action directe de tous les instants, la
mettre au courant de l'effort moderne et lui procu-
rer les outils indispensables à son perfectionnement.

La vie devient de plus en plus compliquée,
raffinée, mais aussi plus pleine et plus ardente. Il
y a partout augmentation dans la production,
augmentation dans la jouissance, et le confort
s'étend toujours à un plus grand nombre d'individus. Le luxe de jadis est devenu le nécessaire
usuel.

Nous avons vu des Indiens à demi-sauvages qui
ne connaissaient pas le café, le sucre, le chocolat,
les boissons alcooliques, y prendre vite goût, dans
les haciendas où ils furent initiés au travail, au
point d'en abuser insensiblement.

Ces adaptations aux raffinements ont engendré
une morale de lutte et d'émulation pleine de con-
seils d'énergie, qui promet un meilleur devenir
réalisable sur la terre par le contact et le travail.
C'est cette foi qui est l'âme du progrès social, qui
établira aussi, par l'intime collaboration de tous
les pays, la fraternité de tous les êtres pensants et
souffrants.

Cette évolution constante des besoins humains

est une raison de plus du renouvellement nécessaire des méthodes éducatives.

On constate d'ailleurs la tendance évolutive
sociale dans tous les domaines : l'art a, une tendance à reproduire non plus tant les figures idéales,
mais des scènes de travail, de misère sociale, des
intérieurs d'usine « où des hommes demi-nus
s'agitent comme les damnés de l'enfer »; la poésie
s'attache à pénétrer au fond de la vie sociale; le
roman s'applique à serrer de près la réalité; le
théâtre représente des scènes du travail et des
conflits ouvriers.

Les découvertes incessantes de la science, la
télégraphie sans fil, les travaux sur la radio-activité
des corps, l'aviation..., tracent un essor toujours
renouvelé au génie humain que rien ne peut
limiter.

Le travail embrassant un domaine toujours de
plus en plus vaste doit se simplifier et se « métho-
diser ». Il ne faut pas se lasser d'étudier l'idéal
social et économique qui assurera à chaque
homme sa part de bonheur et de jouissance et
sauvegardera, malgré les faiblesses et les inca-
pacités, les droits de tous à une existence convenable.

C'est par l'éducation plus rationnelle que nous
arriverons à mieux connaître les aptitudes et à
mieux en tirer profit en ne gaspillant point les
efforts.

Le vrai sort du monde ne se décide pas sur les
champs de bataille ni par des lois politiques ou des
résolutions de congrès, mais dépend surtout, et

plus modestement, de l'éducation populaire qui transforme à fond la société.

Des progrès ont été réalisés, mais les méthodes de développement de l'enfant comme être indépendant, et surtout comme futur élément social, laissent complètement à désirer.

A l'école d'aujourd'hui, nous gavons l'élève de quantité de notions qu'il n'assimile point, parce que nous les lui administrons mal et que nous ne lui laissons pas le temps de la réaction. Nous agissons constamment sur la sensibilité pendant que l'appareil moteur reste inactif, et ainsi, nous formons des sujets sentimentaux sans initiative et sans volonté.

La psychologie scientifique démontre qu'*il n'y a pas de perception sans mouvement, que les sentiments et les phénomènes affectifs se manifestent extérieurement par des mouvements*. Autrement dit, il n'y a pas d'impression sans expression, pas d'excitation sans réaction. Toute excitation détermine immédiatement une production de force, ce qui prouve que les fonctions psycho-physiologiques comme les forces physiques se réduisent à un travail mécanique.

C'est une notion vulgaire, que, sous l'influence de fortes excitations, la colère, par exemple, les efforts musculaires acquièrent une énergie extraordinaire.

L'exercice momentané de l'intelligence provoque une exagération momentanée de l'énergie des mouvements volontaires, et, d'autre part, l'exercice musculaire et les excitations périphériques déterminent une augmentation de l'activité intellectuelle.

On connaît aussi l'opposition physiologique de la tristesse passive et de la joie, consistant, d'une part, dans l'anémie périphérique, le ralentissement du cœur et de la respiration, et, d'autre part, dans l'hypérémie périphérique et l'accélération de la circulation et de la respiration ; autrement dit, à la tristesse ou la joie correspondent la diminution ou l'augmentation de la nutrition profonde des tissus, de la chaleur animale, accompagnées d'idées et d'images en rapport avec ces deux états.

La sensation du plaisir augmente la qualité potentielle de l'organisme, tandis que le dégoût diminue cette même qualité.

De nombreuses expériences ont démontré l'influence des impressions extérieures qui mettent en mouvement tout l'organisme.

Le mouvement organique est donc en relation intime avec l'activité de l'esprit, et il résulte de cette simple constatation que dans l'éducation, nous devons donner plus d'importance à l'activité organique de l'élève. Il ne faut pas uniquement agir sur ses nerfs sensitifs, il faut laisser le temps à la réaction de l'appareil moteur ; et réciproquement.

Tout travail mental est un travail organique.

Le corps est l'origine de tout phénomène. Si la pensée n'est pas *une* fonction du cerveau, elle est à coup sûr *fonction du cerveau.*

Le corps entier, organisme et cerveau, sa représentation suprême, constitue la personnalité réelle.

Et voilà le principe d'une autre base dans le fonctionnement scolaire. C'est la démonstration scientifique que l'*activité, le travail, et nous dirons le travail manuel, doit être la charpente de l'école future.*

Le travail manuel doit constituer la base de l'éducation intégrale, non seulement au point de vue individuel, mais aussi au point de vue social. En effet, l'école a, envers la société, un quadruple but :

1° Faire de l'enfant un agent social ;

2° Cultiver toutes ses aptitudes, physiques, intellectuelles, morales et professionnelles ;

3° Développer ses sentiments ;

4° Former la volonté et le caractère.

Nous croyons, pour que l'école réalise cette quadruple obligation, au moyen de procédés naturels, elle doit faire du travail manuel le ciment ferme de la pédagogie.

La société est un organisme dont les éléments divers tendent à la différenciation, c'est-à-dire à des activités différentes par suite même de ses besoins. Avec les progrès de la civilisation s'accroît la différenciation continue. Chaque citoyen doit avoir une tâche déterminée et délimitée ; c'est le principe de la *division du travail social* dont la civilisation n'est que le développement.

L'école ne peut donc former, comme elle le fait actuellement, tous les élèves d'après le même moule, elle doit respecter la personnalité de chacun et définir et hâter le passage de l'homogène vers l'hétérogène.

La variété d'aspirations qui nous élève vers le progrès nous exalte et nous perfectionne en faisant naître la diversité de qualités, de tendances, de goût, de tempéraments et de points de vue.

Le travail manuel est par excellence l'élément propre à conduire à cette différenciation des éléments sociaux. Et, il ne s'agit pas de convertir l'école en atelier ; le travail manuel comme base même de l'acquisition des connaissances ne signifie pas la confection d'objets, mais surtout l'activité et l'application des sens ; le travail des mains durant lequel l'homme se révèle à lui-même, provoquera la florescence de toutes les activités latentes.

Nous considérons le travail manuel, sous un aspect plus élevé que celui qu'on lui assigne généralement. On ne peut pas séparer la science du labeur humain, comme on ne peut pas enseigner l'histoire sans l'homme.

Le savoir ne peut pas être le produit du dogmatisme, mais le fruit de l'activité de l'enfant qui, pour y arriver, doit voir, observer, toucher, manipuler les choses.

Supprimer la notion du labeur humain, c'est considérer la science comme une série de principes et de lois à étudier « par cœur », sans que l'enfant sache pourquoi, et ainsi la valeur des vérités scientifiques disparaît.

Nos savants de laboratoire sont trop théoriques et oublient trop la Nature. Ils étudient l'être vivant sur des cadavres au lieu de le considérer dans son milieu ambiant avec toutes ses manifestions vitales.

Les études sont trop artificielles, il faut les raviver par la Nature et par l'activité des sens et des mains.

Les plus grands pédagogues ont proclamé le principe des procédés naturels et rationnels d'éducation en rapport avec l'évolution des idées dans la race. Or, les connaissances humaines se sont surtout formées et développées par l'intermédiaire du travail matériel.

Et l'art, cette autre manifestation sociale, qui cherche aussi asile à l'école, trouve son but dans le travail des mains dont il embellit le produit. La première émotion esthétique de l'homme primitif, lui vint par le plaisir éprouvé à la forme embellie d'un objet confectionné à son usage.

Et dans le même sentiment, l'enfant ressent la nécessité d'orner les produits de sa main et d'en inventer de plus beaux. Il imite en cela le sauvage, qui, après avoir terminé sa massue de combat, y entaille les attributs de la force.

Aussi, comme l'art abstrait de nos écoles paraît froid et insipide ! Orner une feuille de papier sans aucune signification, simplement pour y reproduire une figure, a la même valeur que de réciter le catéchisme sans en saisir le sens.

De plus, à l'école établie sur le plan de l'activité manuelle, les sentiments sociaux trouveront leur vrai centre : la passivité débilitante disparaîtra ; l'activité éveillera l'intérêt qui naîtra de soi-même et non d'immorales récompenses ; le sentiment de la propriété germera en même temps que celui de l'appui mutuel ; et ces stimulants établiront à l'école une discipline saine et volontaire qui contribuera hautement à former des caractères. L'ordre imposé à l'école, comme hors de l'école, n'est qu'une parodie de l'ordre.

Et, l'activité manuelle, qui devient ici l'activité scientifique, est même une garantie des bonnes mœurs. Elle occupe, à l'école, agréablement l'esprit qu'elle stimule, élève le cœur et ennoblit l'imagination. Aujourd'hui que la coéducation ne trouve plus guère d'adversaires chez les hommes de progrès jugeant avec raison que la décence et la délicatesse dans la conduite, l'émulation et l'heureuse rivalité dans le travail se trouvent autre part qu'au couvent et au cloître, l'activité scientifique qui dépasse. infiniment l'animalité et domine de plus en plus l'individualité égoïste et basse sera pour la jeunesse réunie une garantie de morale, un rayon de soleil dissipant toute mauvaise pensée.

La psychologie de l'existence nous prouve aussi qu'aujourd'hui il ne suffit pas d'avoir du talent et d'être savant, il est indispensable d'être un homme d'action. Le monde d'aujourd'hui est aux volontaires, et pour vouloir, il faut pouvoir. Les volontés immatérielles, les envolées sublimes, tout le fatras des poètes ne tient guère devant le sang-froid et la ténacité d'un homme d'action. Le peuple où réside l'énergie, passera comme une trombe sur celui, même intelligent, où l'action fait défaut.

La différence des peuples latins et anglo-saxons nous en fournit un exemple frappant : tandis que les premiers, nourris de sentiment, de poésie et de romantisme, déclinent, les seconds, trempés de science et d'énergie, étonnent le monde par leur puissance et leur caractère.

Aux États-Unis, nous avons pu reconnaître l'énergie de la race, aussi bien dans le travail de l'ouvrier que dans celui du collégien qui, abandonné à lui-même dès le jeune âge, apprend à se conduire tout seul, sachant déjà que dans la vie personne que lui-même ne s'occupera de sa destinée; les professeurs, qui font moins de cas de l'instruction, mais un cas très grand du caractère, qu'ils considèrent comme une des plus grandes forces motrices du monde, inspirent à la jeunesse que sur le sol américain il n'y a point de place pour les faibles, les médiocres et les incapables.

Les peuples, au contraire, où la persévérance, l'énergie et la volonté font défaut, arrivent difficilement à bien se gouverner et dégénèrent. L'Amérique du Sud, une des plus naturellement riches contrées du globe, en est la preuve. Deux fois grande comme l'Europe et dix fois moins peuplée, la terre n'y manque pas; sa population des villes, très intelligente et très hospitalière, mais manquant de caractère par suite de son origine espagnole et du climat, vit sous le même régime républicain que les Yankees, et cependant elle est perpétuellement en proie à des révolutions, à des désordres politiques, à des faillites, à l'oligarchie et même au despotisme.

La constitution psychologique des peuples comme celle des individus se modifie également par l'éducation.

Révéler les aptitudes, former des hommes capables, des hommes d'action, des éléments sociaux vraiment utiles et conscients de leurs devoirs, développer la personnalité de chacun plutôt que de faire des savants, rendre l'homme meilleur, est avant tout le rôle de l'éducation.

Le moyen le plus rationnel de réaliser ce but en considérant surtout les besoins de la nature humaine et ceux de la société, c'est le mouvement, l'activité, *le travail*.

Physiologiquement, le travail intellectuel et manuel sont identiques, mais, en éducation, le second doit précéder et susciter le premier.

Depuis que les deux premiers atomes de la matière, cette énergie condensée, se sont rencontrés dans l'espace, le travail, la vie, apparurent sur la terre.

Toutes les manifestations de l'univers ont un caractère dynamique et sont le résultat de transformations incessantes.

Le mouvement, le travail, est la fonction qui soutient la vie universelle. Les astres dans l'univers, les vibrations de la lumière, la chaleur du soleil, les vagues rumeurs des ondes, le terrible fracas du tonnerre, le subit éblouissement de l'éclair : tout dans le monde physique est résultat du mouvement, du travail.

De même, le travail est encore la fonction indispensable du monde physiologique dans l'organisation de tous les êtres vivants. Depuis les organismes unicellulaires jusqu'aux plantes et animaux supérieurs, tous sont le produit de l'activité constante : ils naissent, vivent, croissent et se perfectionnent grâce à une activité continue.

L'ordre dit spirituel n'est pas moins soumis à cette même grande fonction du travail.

La sensation qui produit l'excitation des centres nerveux amène une réaction subséquente; l'idée qui germe dans l'esprit a ses corollaires; le sentiment ses conséquences; la volonté est essentiellement déterminante; la conscience est, comme dit James, un courant continu.

Dans tout, nous voyons la persistance de la force qui produit le mouvement, le travail comme fonction universelle, comme condition de la vie, de l'ordre, de la perfection et du bonheur.

Par le travail, l'individu est maître de soi, la famille se soutient, la société progresse; le citoyen qui ne travaille pas est un parasite.

> Que de partout, du val à la montagne,
> Des ateliers, des prés, des bois, des champs,
> Que de la ville et que de la campagne,
> Monte le bruit des outils et des chants !
>
> Alors les cœurs se fermeront aux haines;
> Et nous verrons, sainte Fraternité,
> Sous ton baiser tomber nos lourdes chaines,
> Car le travail mène à la liberté.

C'est le travail qui a produit les plus grands génies du monde. C'est lui qui a engendré les merveilles de la science, les navires qui transportent les richesses industrielles et commerciales, les locomotives, les machines perfectionnées, le télégraphe, le téléphone, l'automobile, l'aéroplane et tous les autres prodiges scientifiques et artistiques.

Et si le travail est une fonction universelle, sociale, *il doit être aussi une fonction* PÉDAGOGIQUE, *le facteur de l'éducation de l'homme, agglomérat d'énergie.*

Le travail assure l'harmonieux développement de l'être humain et constitue la discipline essentielle d'une société.

L'action constante et simultanée des forces persistantes comme si elles ne formaient qu'une ont poussé l'homme à l'idéal d'une vie supérieure. Son passage de la vie sauvage à la vie civilisée s'est effectué à travers une série de périodes de perfectionnements qui continuent toujours.

L'histoire de la civilisation démontre que l'homme primitif est arrivé à ses premières notions par l'intermédiaire du travail de ses mains; les premiers peuples ont progressé par leur travail et leur activité, la division du travail s'est révélée, les métiers, les industries se sont formés; le travail c'est la loi du monde; le travail c'est la vie, et réciproquement, vivre c'est agir.

Ces indications nous montrent suffisamment la voie à suivre en éducation, la voie naturelle, celle qu'a suivie l'Humanité dans son développement, celle de l'activité et du travail.

Proudhon assignait déjà pour but à l'école la réhabilitation du travail et son hégémonie. L'idée, dit-il, surgit de l'action, l'industrie est mère de la philosophie et des sciences; l'idée doit retourner à l'action, c'est-à-dire que la philosophie et les sciences doivent rentrer dans l'industrie. Ainsi l'éducation générale et l'éducation professionnelle ne sont pas simplement juxtaposées, mais intimement liées, le travail étant le centre de tout. Il faut, dit encore Proudhon, conduire l'homme à la philosophie du travail qui est le triomphe de la liberté.

A l'école rationnellement organisée, il faut donc baser l'acquisition de toute connaissance sur le travail matériel, manuel, associer tout enseignement théorique à la pratique. Et la chose est possible pour toutes les branches du savoir humain, tant aux écoles moyennes et supérieures qu'à l'école primaire.

Il suffit de vouloir. Il faut arracher l'organisation scolaire des griffes de la routine et de la vieille tradition. Le jour, où l'organisation sociale démocratique mettra à la tête des ministères et des échevinats scolaires des hommes d'enseignement intelligents et progressistes, qui trop souvent aujourd'hui restent des forces perdues, au lieu d'avocats politiciens scientifiquement ignorants; le jour, où les places reviendront aux plus dignes et aux plus capables au lieu d'être réservées aux plus intrigants intrus et aux plus protégés et par suite aux moins capables et moins honnêtes; le jour, où les programmes scolaires se dégageront des préoccupations métaphysiques et de l'esprit d'imitation pour s'adapter aux conditions scientifiques des milieux, des temps et des circonstances et qu'ils seront élaborés non par de vieux routiniers aux idées timorées, sinon par des pédagogues capables aux idées jeunes; le jour, où l'on comprendra le rôle élevé de l'éducateur comme l'un des facteurs les plus importants de la vie sociale; ce jour, l'école se transformera rapidement dans le bien des jeunes générations, dans celui des nations et de l'Humanité.

Il y a surtout à attendre de cette transformation indispensable, de nouveaux et de meilleurs éléments sociaux. Tout le monde constate aujourd'hui, que les hommes vraiment capables, les hommes énergiques, les hommes d'action manquent de plus en plus dans la vie.

L'éducation actuelle, qui éteint toute lueur d'indépendance, détruit toute initiative et donne à la jeunesse pour seul idéal d'odieux examens et concours, pousse vers les fonctions salariées, et les carrières exigeant de l'initiative, de l'énergie, des efforts personnels et de la volonté sont délaissées. Un égoïsme sans bornes se développe; les consciences capitulent, la moralité s'abaisse.

Dans la politique, on trouve trop souvent des rhéteurs, fruits de l'actuel système éducatif théorique défectueux. En assistant à une séance de nos assemblées délibérantes, on constate combien la phraséologie y employée est creuse et combien peu d'idées originales, scientifiques et pratiques y sont généralement exprimées. Et cependant, la valeur littéraire même des discours tend à diminuer! Il serait préférable d'avoir, à la direction des affaires publiques, moins d'avocats, aux arguments spécieux, créatures de coteries politiques, mais plus d'hommes pratiques, clairvoyants, énergiques et dévoués, des ouvriers intellectuels ou manuels, connaissant bien les branches de l'activité sociale les concernant, et faisant toujours prévaloir la vraie justice et l'intérêt général.

Tous les citoyens étant égaux, les Chambres législatives comprendraient les meilleurs représentants des diverses catégories actives de l'organisme social, les parasites et les indignes seuls étant exclus des droits politiques. Et ainsi, les parlements seraient composés des éléments sociaux les plus capables au lieu de politiciens ambitieux pour lesquels la fortune, la situation sociale et les relations ou un titre d'avocat constituent aujourd'hui des qualifications suffisantes.

Il faudrait supprimer aussi, dans l'organisation politique et administrative, les faveurs, les monopoles, le népotisme et l'oligarchie, épurer la vie publique, en l'orientant vers le règne de la vraie démocratie et non, par une éducation fausse, vers la bureaucratie débilitante et arbitraire, vers la vaine gloriole, en même temps que vers la logocratie fondée sur une rhétorique vide et prétentieuse.

N'est-il pas pitoyable de voir actuellement cette ridicule « décoromanie » qui sévit à un tel degré que bientôt les non décorés feront une honorable exception? On enrubanne des ronds de cuir, des affameurs et des parasites pistonnés, alors qu'on ne songe même pas à décorer nos ouvriers déportés et nos si utiles et vaillants balayeurs de rue qui, durant la guerre, en mauvais sabots, loqueteux et affamés, ont, dans l'intérêt général, élevé leur patriotisme jusqu'à remplacer courageusement les chevaux de l'important service d'hygiène, que l'oppresseur nous avait volés!

Un autre résultat social lamentable de l'éducation actuelle, c'est l'avachissement des caractères. Par l'enseignement défectueux et livresque, par la direction fausse, hypocrite et servile donnée à nos jeunes gens et à nos jeunes filles, leur prêchant d'être toujours bien sages, bien dociles, de ne jamais répliquer, de toujours aduler l'Autorité, de tâcher d'arriver plus tard à une bonne sinécure ou à un riche mariage, de ne jamais professer des idées trop avancées, d'être toujours de l'opinion du Gouvernement au pouvoir, ... toutes ces idées courantes dominant la direction de la jeunesse préparent une société de moutons et de dindes sans caractère dont l'imitation esclave aux modes ridicules est une preuve éloquente.

N'y a-t-il rien de plus triste que de voir le snobisme de nos jeunes gens qui ne paraissent avoir de l'idéal humain et social aucune notion?

L'avenir et la prospérité des individus et des nations sont intimement liés aux intérêts supérieurs de l'éducation qui doit tendre au véritable perfectionnement de l'être humain préparé à une vie plus ample et plus complète.

Dans l'organisation scolaire actuelle, nous exigeons aussi de la part de l'élève, le maximum de temps et d'essais souvent infructueux pour le minimum de résultats.

Il importe d'élaborer des méthodes plus économiques, tel que cela se fait dans le travail industriel par le Taylorisme.

Tous les perfectionnements matériels des locaux et des outils didactiques, une meilleure répartition des élèves et des matières d'enseignement, une meilleure préparation pédagogique des professeurs, mais surtout la transformation des méthodes scolaires donneront des résultats meilleurs. .

Et ainsi, l'école deviendra une véritable institution sociale démocratique répandant l'éducation générale et spéciale, préparant le mieux possible des éléments sociaux intelligents et actifs dans l'intérêt et le bonheur communs.

Les bonnes écoles ne s'établissent point par des rapports théoriques d'inspecteurs de l'enseignement, aux idées souvent arriérées, nommés par influences, qui, véritables esclaves, ne peuvent jamais avoir une opinion personnelle ni surtout une idée avancée; elles s'établissent par des hommes d'enseignement de progrès, indépendants, connaissant l'anthropologie, la physio-psychologie, la pédagogie et la méthodologie scientifiques, la sociologie et l'économie politique, hommes sans préjugés philosophiques ou politiques, aidés de pouvoirs publics compétents et progressistes.

Des Administrations Centrales de l'enseignement, composées, au hasard des faveurs, d'agents ignorants des choses de l'éducation qu'ils prétendent organiser, où fleurissent à merveille tous les défauts et tous les vices d'un régime vieillot, désuet, suranné, parce que traditionaliste à outrance, ne feront jamais évoluer rationnellement la science de notre éducation nationale.

De plus, le virus politicien infectant toutes nos administrations publiques, plongées dans une atmosphère d'abominable hypocrisie; le favoritisme avec son cortège d'intrigues, de flagorneries, de passe-droits, de fourberies, de bassesses, corrompant et asservissant jusqu'aux meilleurs esprits; le mal étant si invétéré qu'il doit être endigué par d'autres procédés politiques, syndicats, grèves, pressions parlementaires, alors que la vraie route au soleil devrait être la proclamation légale du droit et du devoir nécessairement liés du fonctionnaire honnête, capable, dévoué et indépendant : comment, dès lors, attendre de grandes choses d'un tel régime, véritable immoralité publique organisée, qui voue jusqu'aux plus odieuses vengeances ceux qui osent afficher un peu d'indépendance de caractère ou de liberté d'allures?

Et, comme toutes les questions de la vie se tiennent, il faut voir dans les défauts de notre éducation la source du mal. Le jour où l'homme se sentira plus et mieux éduqué, plus émancipé, il n'acceptera plus de faveur de personne et le « protégé » sera considéré comme un indigne, tandis qu'en attendant, par une aberration des idées, c'est lui — sans vergogne — qui fait la loi aux honnêtes gens, inconsciemment aidé de ses « protecteurs », protégés, eux, par l'électoralisme.

Un fonctionnaire « protégé » est toujours un mauvais serviteur de la Nation, parce qu'il n'est pas le plus capable, il n'est pas libre, pas franc, il n'a pas besoin de travailler pour avancer (et les cellules cérébrales qui ne travaillent pas s'atrophient), il est souvent mouchard, il ne peut pas lever la tête en face des méritants, il doit louvoyer, il fait du tort à autrui par contre-coup, il accepte de gros gages sans les mériter, il constitue souvent dans ce milieu clos du fonctionnarisme un vibrion de haine et d'envie, il sème la zizanie et le dégoût et mène le service à vau l'eau.

L'initiative, l'énergie, le caractère et l'honnêteté se perdent chez l'individu qui n'a pas à faire d'effort dans la vie pour avancer. Il en est de même des peuples qui tombent en décadence par leur amolissement..

Arrivant à tout, le « protégé » devient parfois chef en passant sur la tête de collègues plus méritants; il est alors un petit potentat, à plat ventre devant ses supérieurs, arrogant et prêt à toutes les petites vengeances envers ses inférieurs qu'il éclabousse insolemment de son attitude mystérieuse et de son cynisme jésuitique et lâche. Dans l'anachronique occultisme de certains bureaux, le « protégé » est, par excellence, l'être rampant adéquat aux mesquineries, aux bassesses, aux mesures arbitraires, aux forfaitures contre ceux qui osent lever la tête et dont la pensée s'élève parfois au-dessus des clichés officiels imposés; sa vile conscience ne perçoit pas qu'il n'y a que dans la fange que grouillent les reptiles.

Une éducation rationnelle et virile préparant mieux les aptitudes et élevant la moralité individuelle et publique tuera ce semi-parasitisme qui cramponne de plus en plus ses racines absorbantes au tronc de l'arbre social au risque de le faire périr.

Changer l'éducation actuelle, c'est une génération à transformer, c'est presque un monde à soulever, et jamais il ne fut plus nécessaire de chercher d'abord le point d'appui et le levier.

Le point d'appui, c'est l'activité manuelle et le levier un régime pédagogique basé sur la libre expansion des aptitudes humaines par les moyens et dans le but suffisamment précités.

L'éducation a pour objet de déceler les forces latentes contenues dans l'homme, « de faire rentrer le conscient dans l'inconscient », comme dit Le Bon, c'est un effort de volonté pour donner à la raison le geste de l'instinct; c'est la gymnastique des réflexes. Si les institutions scolaires ne s'inspirent pas de ces vues, elles feront perdre aux nations leur véritable valeur.

Les hommes de progrès sont généralement d'accord que l'éducation doit être libérée de toute intention étrangère à celle du développement intégral de l'enfant et de toute entrave à sa personnalité afin qu'elle devienne plus naturelle. C'est beaucoup, mais la réforme doit être plus radicale.

Les moyens du développement des aptitudes doivent varier. La pensée et la réflexion qui fixent les notions par les représentations psychiques seront suscitées par l'activité manuelle et celle de tous les sens. Voilà le principe.

Anciennement, on considérait le travail manuel comme un déshonneur et une flétrissure. « L'homme libre ne doit pas courber sa droite stature aux rudes labeurs, » disait Aristote.

Ces idées ont disparu et, aujourd'hui, on commence à considérer l'ouvrier manuel au même titre que l'ouvrier intellectuel, mais on comprend aussi que le premier comme le second ont besoin de culture, de développement intégral de leurs aptitudes,

A notre époque de suffrage universel, tous les hommes doivent être cultivés, l'éducation intégrale est le corrélatif du suffrage universel.

Les produits du travail manuel ont autant de valeur que ceux du travail intellectuel; un métier, c'est de la pensée cristallisée, et une machine en bois ou en fer, c'est de la matière dont la science est l'âme, Devant le produit d'un travail matériel, l'artisan dit parfois : « Il y a de l'idée là dedans. » C'est cette idée qu'il faut dégager et faire comprendre à l'ouvrier, c'est l'idée, l'âme des choses, l'idée qui est dans l'univers.

Sans faire ressortir ici toute l'importance du travail manuel scolaire, que nous considérons surtout comme le fondement de tout développement intellectuel, nous constaterons cependant que l'enfant aime passionnément le travail des mains dont il fait, dès ses premières évolutions, la base de ses jeux. Donnez-lui de la terre, du sable, du bois, du papier, du fer, de l'eau, de la neige, il construit, combine, imagine, édifie, démolit; il est tour à tour architecte, maçon, menuisier, charron, ferblantier, batelier, chasseur; il varie son travail et ne cesse d'agir; l'activité manuelle est un de ses premiers besoins naturels.

Et aujourd'hui, à l'école, on contrarie ce besoin au lieu d'en tirer profit; on force l'enfant à une immobilité et à un silence prolongés, Aussi, l'enfant n'aime pas l'école qui est pour lui comme une punition. S'il se soumet en apparence sous la volonté du maître qui l'opprime, il n'attend que l'occasion pour secouer le joug et enfreindre la défense. Les abus des leçons purement abstraites, fatiguent et ennuient l'élève, assoupissent ses facultés au lieu de les développer, poussent à l'inattention et paralysent l'esprit d'initiative.

Quelle différence dans une leçon combinée avec le travail manuel! L'élève s'intéresse à l'objet qu'il construit, à l'expérience qu'il fait, au plan ou au dessin qu'il trace; il pense spontanément au travail à exécuter, il analyse le modèle, il conçoit, il imagine, il raisonne les opérations, il combine les parties, il les mesure, les façonne, les exécute et les assemble; il invente même. Toutes ses facultés sont en jeu sans effort : le corps, l'esprit, l'attention, le raisonnement, le jugement, la volonté, le goût. Et par un choix judicieux d'exercices dans un milieu scolaire agréable, on arrive ainsi à développer l'habileté manuelle tout en cultivant l'intelligence, les sentiments et la volonté. C'est la véritable éducation intégrale.

La méthode éducative par l'enseignement des travaux manuels réussit : à développer le corps harmoniquement par l'observation stricte et constante des attitudes normales pendant le travail dans un milieu hygiénique; à cultiver l'habileté générale, l'agilité, la dextérité des deux mains, la promptitude et la sûreté des mouvements, qualités de haute importance, qui trouvent leur application dans les diverses circonstances de la vie et dans toutes les professions; à cultiver le sens musculaire, le sens tactile, le sens visuel, et développer ainsi les pouvoirs d'attention et de perception; à fournir l'intuition plus complète et plus profonde des notions non seulement des formes géométriques, du calcul et du système métrique, mais de toutes les branches de l'enseignement; à donner des habitudes d'ordre et de correction, éléments essentiels de tout progrès; à développer le goût et l'amour du travail; à rendre les élèves persévérants par l'application au travail et la nécessité de ne produire que des travaux complets et corrects; à cultiver le sentiment du beau par l'harmonie des formes et des couleurs des objets confectionnés; à fournir aux élèves la connaissance des procédés techniques qui constituent la base scientifique des métiers; à assurer plus sûrement et plus efficacement le développement de toutes les aptitudes tout en rendant l'enseignement vraiment intéressant.

Les occupations manuelles constituant d'excellents moyens de perfectionnement physique, intellectuel et moral, il faut peu à peu réaliser l'union intime, dans l'enseignement de tous les degrés, des travaux manuels et de celui des matières scientifiques, afin d'assurer la culture intégrale de toutes les activités, de toutes les aptitudes qui constituent l'homme complet.

Dans certaines de nos écoles primaires, de louables efforts ont été tentés : on y fait des excursions pendant lesquelles les enfants apprennent à sentir et à apprécier les beaux spectacles de la nature, à admirer les sites pittoresques, à comprendre et à aimer les productions artistiques; on

y a introduit quelques leçons de travaux manuels
que l'on combine généralement avec l'enseignement
du dessin et des formes géométriques, ce qui est
un acheminement vers la réalisation de notre but;
mais l'évolution des idées en matière d'éducation
amènera fatalement l'application large du principe
à tout l'enseignement.

Nous prévoyons l'objection, surtout de la part
des *humanistes*, que ce nouvel enseignement soit
trop matériel, trop utilitaire, trop spécial. Mais le
remède existe à côté du mal. Il faut humaniser,
socialiser son enseignement. « Vous habituez l'enfant, dit Fouillée, à observer, mais quoi ? Des objets
matériels qu'il tourne et retourne, démonte, brise
au besoin pour en connaître la structure et les
propriétés; c'est la tige de chanvre ou de lin, c'est
le blé, c'est la fleur, c'est le morceau de craie ou
de quartz, c'est la plume dont il se sert, le pinceau,
tous les objets usuels qui l'entourent. Aussi il
s'accoutume à ne croire que ce qu'il a constaté
par les yeux. Quand vous lui parlerez de devoir,
d'honneur, de patrie, que pourra se représenter
mentalement son imagination? » Mais, pour qui
replace toute chose dans son milieu humain et s'est
fait une habitude de la perspective mnémonique,
les plantes et les choses dont on entretient l'enfant,
en les lui faisant manier, les objets que ses mains
confectionnent, recèlent, sous leurs formes matérielles, une âme d'humanité qu'il ne perçoit jamais
sans émotion, si le professeur est un vrai maître à
la lui révéler.

Un laboratoire n'est matériellement qu'un

assemblage d'appareils, de flacons et de produits; mais évoquez dans ce milieu l'ombre de Lavoisier et tout s'éclaire du reflet de la pensée. « Dans le panneau de *La Chimie*, dont Puvis de Chavannes a décoré la bibliothèque publique de Boston, le creuset où s'accomplit la réaction chimique n'est pas ce qui fixe le regard du spectateur : c'est la curiosité inquiète, l'anxieuse attente peintes dans le regard et l'attitude de la fée et des génies qui suivent, des yeux de la pensée, plus encore que des yeux du corps, la mystérieuse opération; il semble que le creuset matériel n'est que le symbole d'un autre creuset idéal et magique, où se sont d'abord préparées et accomplies les combinaisons. »

Le véritable laboratoire où s'élaborent les sciences, c'est l'esprit humain qui doit se former par les mêmes sciences.

Aristote a dit « *savoir*, c'est *faire* »; le philosophe ancien ne pensait peut-être pas encore que *faire, c'est apprendre à savoir*.

C'est dans ce sens, qu'il faut provoquer les connaissances et non par un enregistrement passif de vérités toutes faites.

Il est parfois triste de voir l'indifférence à l'égard de l'évolution constante de la vie, cette loi du perpétuel devenir, qui, imprescriptible, restera dans l'histoire des sciences, comme la plus belle des conquêtes. Elle nous apparaît comme la plus radicale révolution des temps modernes, par le fait seul qu'elle a détrôné pour toujours l'absolu fixe et immuable. Non contente d'avoir bouleversé les sciences physiques, d'avoir renouvelé la zoologie, l'embryologie, la physiologie, elle a exercé son influence salutaire et consolatrice sur les sciences psychologiques et morales; elle a déplacé les courants empreints de métaphysique; tout désormais pivote vers elle. En sociologie, rien ne lui résiste.

Le mouvement des esprits échappe cependant à beaucoup de personnes, même à beaucoup de professeurs qui négligent de se tenir au courant de ce qui se passe dans le temps qu'ils vivent. Ils savent trop par leurs livres comment le monde devrait être pour s'apercevoir de ce qu'il est.

Il y en a jusqu'à ne pas remarquer que les classes des humanités anciennes sont de plus en plus désertées, ne paraissant point saisir la raison de cet abandon bien simple : on n'y apprend rien de réel. Cet enseignement prend un sens péjoratif de plus en plus désuet. Les études abstraites ne peuvent déguiser l'ignorance et les sciences ont pris trop de place dans la vie pour qu'il soit permis de les négliger.

Les citations latines en italiques deviennent de plus en plus rares dans les journaux. En revanche, les arguments scientifiques abondent. Il faut préparer les hommes de notre temps par les méthodes et les études scientifiques et non par la tradition et les textes privés de vie.

Le but de l'enseignement — dans le sens éducatif — c'est la vie; les formules mortes et creuses n'y préparent point. Une conception livresque du monde ne fait que des déclassés présomptueux dans la réalité de l'existence.

Les méthodes actives seules, scientifiquement appliquées, préparent de vrais hommes.

Frœbel (1782-1852) a magistralement démontré le principe par sa géniale invention des jardins d'enfants.

Disciple de Pestalozzi, il dit que « l'éducation est la voie qui conduit l'homme, être intelligent, raisonnable et conscient, à exercer, à développer et à manifester l'élément de vie qu'il possède » et qu'il faut, dans la première enfance, une école appropriée aux besoins de la nature de l'enfant, un enseignement dont le point de départ soit dans les manifestations naturelles provoquées par le jeu, afin de mieux diriger l'activité libre et spontanée des petits enfants.

L'idée de Frœbel est basée sur le besoin de mouvement de l'enfant. il en profite pour exercer méthodiquement ses membres par une série de jeux gymnastiques, Les chants qui accompagnent ces jeux lui donnent les premières notions de la parole tout en développant son ouïe.

Frœbel a vu dans l'enfant un être qui, pour se développer, ne doit pas seulement regarder et écouter, mais agir, créer, inventer. L'enfant est un ouvrier qui demande à produire, et, dirigé avec adresse et *sans contrainte*, reste personnel dans tout.

Frœbel a ainsi trouvé « le rail où doit glisser l'activité spontanée », suivant le mot de Michelet. Au lieu de plier l'enfant à notre pédagogie, il s'agit d'adapter cette dernière aux besoins de l'enfant.j

L'idée géniale de Frœbel doit être continuée, perfectionnée et étendue à tous les degrés de l'enseignement. C'est, à notre humble avis, le moyen éducatif idéal.

Tous les grands éducateurs d'ailleurs, ont senti la valeur éducative du mouvement et du travail manuel : Montaigne, Coménius, Herbart, Locke, J.-J. Rousseau, Basedow, Pestalozzi, précurseurs de Frœbel, Spencer, Huxley et d'autres.

Rabelais a déjà dit, au chapitre XXIV de *Gargantua*, du héros et de son précepteur : « Après dîner, au lieu des exercitations, ils demeuraient à la maison, et par manière d'apothérapie, s'ébattaient à botteler du foin, à fendre et à scier du bois, et à battre des gerbes en la grange. »

Même plus haut, dans l'antiquité, chez Aristote, Sénèque et Plutarque, on considérait l'*observation* des choses comme le point de départ de toute éducation rationnelle.

Mais, malgré les sons de trompette de tant d'hommes de lumière, les remparts des Jérichos de l'ancienne éducation restent debout !

On admet généralement cependant le principe d'une autre direction éducative, seulement la fausse route qu'a suivie la pédagogie n'a pas permis jusqu'ici de tracer la méthode d'application.

Toutes les occupations manuelles ou actives conviennent au principe nouveau, pourvu que les exercices s'appliquent au développement des aptitudes, c'est-à-dire à la véritable éducation.

Il est bien entendu, que dans les écoles spéciales, les écoles techniques et professionnelles, par exemple, le travail se spécialisera. Mais ici, il s'agit d'éducation générale dans laquelle on tire parti de toutes les activités manuelles appliquées au développement intégral de l'individu.

Il serait indispensable, pour apprécier pratiquement la réalisation de nos idées, d'arriver un jour à créer une école basée largement sur ces principes.

Sans pouvoir exposer ici un plan complet d'une pareille école, ce qui fera l'objet d'un autre travail, nous montrerions facilement cependant qu'un instituteur, par exemple, à la tête d'une école ou d'une classe nombreuse, tel que c'est presque toujours le cas actuel, est trop dans l'obligation de sacrifier la véritable éducation intégrale des enfants à la traditionnelle discipline exigée.

Le maximum des élèves par classe ne devrait jamais dépasser vingt.

Un enfant de six ans arrivant à l'école, n'y devrait résider, au plus, que deux heures par jour, heures morcelées. Le reste du temps, il doit le passer à l'air libre en été, dans de vastes salles chauffées et bien aérées en hiver, *à être un enfant*, et non un élève ; ce temps, il l'emploiera à courir, sauter, crier, chanter, faire du jardinage, des exercices frœbeliens et gymnastiques, de la natation, etc. Et ce n'est que progressivement, lentement que le nombre des heures de classes s'élèvera à trois, sans jamais dépasser ce chiffre, jusqu'à douze ans.

A cet enseignement nouveau, il faut évidemment une didactique nouvelle ; c'est l'expérience qui la créera définitivement ; on peut tout de suite en indiquer l'esprit, c'est l'esprit scientifique en opposition aux tâtonnements qui dominent trop les pratiques pédagogiques actuelles.

La science a tracé à la vie humaine des routes naguère insoupçonnées. Les modes d'activité eux-mêmes liés jadis au sentiment ont reçu, du nouvel état d'esprit scientifique, une impulsion puissante.

Etudier scientifiquement l'activité scolaire, c'est révolutionner des traditions tenaces et troubler les croyances.

Comparer la machine humaine à un moteur animé, mais c'est inquiéter les théories des *vitalistes* qui considèrent encore la chaleur du corps comme un héritage reçu par les nouveau-nés en même temps qu'ils viennent à la vie !

Que diront ces vitalistes alors des études relatives à la machine humaine dans le travail industriel, où elle appelle sur elle l'activité féconde des physiologistes et des ingénieurs comme rendement mécanique au même titre que la machine industrielle ?

En matière d'éducation, surtout d'éducation professionnelle et sociale, l'analyse et l'organisation scientifique du travail humain constituent un problème très important pour les hommes de science qui étudient avec précision le moteur humain, son rouage intérieur (régime alimentaire, digestion, respiration, circulation...), son énergie, ses modes d'activité, ses effets utiles.

Le terrain sacré de la vie, duquel la science avait été exclue si longtemps, est occupé désormais joyeusement et fiévreusement, et les puissances

occultes (vitalisme, spiritisme) prennent définitivement le chemin de l'exil.

Combien il serait désirable de pouvoir opposer
au gaspillage actuel des forces humaines, tant à
l'école qu'au dehors, une utilisation complète et
consciente de toutes les énergies au bien de la
collectivité !

Il faut aussi que l'éducation soit plus large, plus
libre : les opinions ne s'imposent pas. Sous prétexte
de patriotisme, on fait du prosélytisme, qui est une
maladie.

Il y a actuellement une tendance à peser sur les
convictions dont on fait même des délits. L'État,
certaines Administrations communales, la Presse
même, se chargent d'élaborer, à l'usage du public,
des opinions toutes faites, et gare aux citoyens —
libres — qui, malgré les garanties constitution-
nelles, n'accepteraient sans bougonner les produits
de cette monopolisation antilibérale! Dans les
écoles, on enjoint même parfois au personnel d'imposer à ses élèves du fétichisme! Ces atteintes à
la liberté individuelle et à la liberté d'opinion sont
contraires à l'émancipation humaine, contraires à
l'éducation rationnelle.

Par cette caporalisation des générations, les
Allemands — si insolents avec les inférieurs et si
plats devant les supérieurs — ont conduit leur
peuple à la ruine. Le prussianisme a fait de
l'obéissance à l'État le premier et le plus sacré
des devoirs. La philosophie tudesque a divinisé
l'État symbolisé par le Prince, quel qu'il soit,
Roi, Empereur, ou République impériale. On

expérimente aujourd'hui les résultats du régime.

Heureusement que des esprits éclairés saisissent — un peu tard, hélas! — les travers d'une telle direction et la dénoncent, même en Allemagne, où un groupe d'instituteurs vient de lancer un manifeste dont voici un passage :

« Notre classe s'est rendue coupable d'une faute extrêmement grave. Nous sommes les complices de ceux qui ont causé la détresse de l'humanité. Il aurait été de notre devoir d'élever la jeunesse pour la moralité, pour la bonté, pour l'amour. Mais hélas! Nous avons implanté l'égoïsme et la présomption! Au lieu de former des esprits libres, nous avons permis qu'on nous employât au service du système autocratique. Nous avons enseigné l'adoration de la force sans égard aux sentiments intérieurs du cœur, la soumission sans écouter la dictée de la raison, l'obéissance aveugle sans le moindre respect pour les consciences. Nous avons fait nos semailles. La semence a poussé. Elle a produit des fruits sanglants. Oh! que de pauvres mères plongées dans le deuil parce que nous avons appris à leurs fils d'honorer non pas l'humanité, mais une idole! Oui, notre complicité est établie. Nous nous adressons donc à vous tous, nos confrères les instituteurs, en France, en Russie, dans le monde entier : de grâce, permettez-nous d'expier nos crimes! Nous crierons à nos collègues : Dorénavant vous serez les « frères » des jeunes gens qu'on vous confie. Allez délivrer ces esprits juvéniles de leurs chaînes, c'est-à-dire du joug des systèmes arriérés. »

L'éducation doit respecter partout la personnalité de l'éduqué.

- Il ne faut pas prétendre à un enseignement spécial ni pour les riches ni pour les fils des travailleurs ; il ne faut pas que, dès l'enfance, par une éducation particulière, on rive les enfants à leur classe comme des forçats à leur chaîne. L'éduqué n'appartient pas plus à la classe de ses parents qu'il n'appartient à l'Etat, qu'il n'appartient à la famille. Il n'appartient qu'à lui-même, et l'enseignement qu'on lui donne ne doit avoir d'autre objet que de développer ses aptitudes au seul foyer de la vérité scientifique, sans préoccupation philosophique d'aucune sorte. Ni le père n'a le droit de faire de son fils l'héritier obligatoire de ses concepts ; ni le maître, celui d'infuser à son élève sa propre opinion ; ni la classe dont il est issu, celui de faire épouser ses intérêts, ses sympaties et ses haines ; ni l'Etat, ni l'Administration communale, celui de s'imposer obligatoirement à son admiration et à sa reconnaissance. Il n'y a place à l'école pour aucun culte religieux, laïque ou économique, mais seulement pour un enseignement rationnel basé sur les acquisitions de la science, donné d'après les méthodes les plus propres à éveiller et à développer progressivement les facultés de l'enfant, par des maîtres scrupuleusement respectueux de sa liberté, en même temps qu'instruits et affranchis de tous préjugés.

Quelle triste figure la plupart de nos éduqués d'aujourd'hui feraient à côté de l'homme parfait sorti de la nouvelle éducation !

Cet homme nouveau ne serait ni un sentimental, ni un savant de cabinet, il serait *un homme* dans toute l'acception du mot, produit harmonique de toutes les aptitudes humaines bien développées : un homme bien découplé, aux mouvements aisés, se présentant bien, à la figure ouverte et franche, à l'esprit bien meublé, clair et prompt, à la conscience réfléchie, incapable d'une mauvaise action, toujours prêt à agir énergiquement dans la voie du devoir et du bien et à assumer la responsabilité de ses actes. Il serait surtout un homme énergique, un homme d'action.

Cet homme ne serait ni un crétin, ni un jésuite, ni un fourbe, calomniant en cachette ou envoyant des lettres anonymes, ce serait un homme tout court, incapable de lâcheté, conscient de son propre moi et des rapports qui le lient à tout et à tous.

De telles individualités formeraient un peuple nouveau qui, ainsi éduqué, deviendrait le premier peuple du monde, parce que, par l'évolution de l'individu, on arrive à l'amélioration progressive de la société.

La matière sociale a besoin, pour prendre forme, de se modeler sur des éléments constituant des unités bien développées, nettement différenciées selon leurs particularités et leurs préférences, fidèles à elles-mêmes, mais, par leur tonalité humaine, tenant fortement à la collectivité, à l'association.

L'homme a une fonction individuelle et sociale à remplir ; l'énergie individuelle est le principe et la fin du progrès social, mais l'esprit d'association a de plus en plus d'affinités avec l'individualisme à mesure que l'éducation de chacun est plus parfaite. Mais il importe de développer les tendances altruistes afin de modérer les impulsions de l'égoïsme exagéré.

A mesure que l'individu reste trop égoïste et perd son lien avec le collectif, il devient plus conservateur, cherchant des appuis partout jusque dans la divinité.

L'individu vainqueur ou celui arrivé aux jouissances matérielles, se démonétise; « s'embourgeoise », tombe. Des hommes aux idées les plus avancées subissent parfois ainsi une évolution régressive.

Ce n'est que par le peuple qu'on arrivera à la régénération.

Les idées éducatives exposées ici rompent avec la tradition; osant toucher à ce qui existe, depuis des siècles, elles ne seront pas faciles à introduire dans les crânes bourrés de nos lecteurs de journaux généralement réfractaires à tout ce qui est progrès; la réaction a son origine dans le droit divin; mais la réforme de l'éducation se fera cependant, parce qu'elle est une réforme sociale, une réforme scientifique et démocratique.

Elle se fera progressivement comme toute évolution raisonnée en tenant compte des circonstances et des éléments existants.

Le progrès est d'ailleurs une chose inconsciente; nous évoluons sans le savoir. L'histoire des sociétés humaines est surtout une suite ininterrompue de

causes et d'effets. Le grand effort collectif social
est dû aux plus minimes efforts individuels. C'est
ainsi que la race humaine arrivera peu à peu à
l'affranchissement du maquillage social et à l'abo-
lition de tous les maux ; surtout la misère, la
maladie, la guerre.

Le réformateur est le produit final d'un ordre
toujours progressif des choses.

L'élan vital ne sera plus seulement une conception idéale, il deviendra le partage du travailleur
en général et le principe conservateur sera considéré comme un ruineux anachronisme.

Il faut surtout lutter pour l'amélioration du sort
des humains sans s'arrêter aux préjugés ; les idées
qui paraissent subversives à un moment sont souvent tutélaires le lendemain.

Après l'époque du pessimisme moderne, par
l'effet de l'incompréhension de l'existence humaine
et de l'injustice sociale, nous constatons chez nos
contemporains des sensations inquiètes vers l'idée
si nécessaire du progrès et de l'amour collectif.

Physiologiquement, intellectuellement ou moralement, l'homme n'est que le fils du passé. Or,
comment eût-il l'âme sereine en pensant aux poi-
sons multiples et intenses que n'ont cessé de lui
injecter tant de siècles écoulés ?

Comment fût-il content, en constatant que l'héritage commun, produit du travail de nos ancêtres,
est accaparé par la minorité !

Les religions mêmes, qui eussent pu avoir pour
mission de contre-balancer l'influence néfaste des
penseurs ou des poètes pessimistes, n'ont fait

qu'exaspérer davantage en transportant le but de la vie dans l'au-delà, en couvrant de·leur mépris tout ce qui est humain.

Le spiritualisme d'ailleurs, qui sépare dans l'homme quelque chose d'impondérable, et dont les esprits se dégagent si difficilement, fait beaucoup de tort aux véritables progrès sociaux.

Cette erreur spiritualiste, qui consiste à dire que ,l'homme a une âme distincte du corps, provient de préjugés primitifs et enfantins légués par nos ancêtres. On donne des explications anthropomorphiques aux phénomènes naturels, on attribue toute action à un auteur, tout résultat à une cause, on distingue des commencements là où il n'y a qu'une éternelle métamorphose et, aidé par un langage puéril qui nous oblige à réduire tout en cause et effet, — on vit parmi des fantômes!

En réalité, rien ne commence, tout s'entre-pénêtre et s'influence et quelques principes très simples et scientifiques régissent nos actions et déterminent les circonstances de notre vie.

Un des principes les plus éprouvés, les plus généraux de la physique, le principe de Carnot relatif à la transformation de l'énergie, doit être appliqué à la biologie.

Rien ne se perd, rien ne se crée, au dedans du corps comme au dehors; tout est transformation, et les êtres vivants sont de simples transformateurs d'énergie.

Souvent, l'homme n'est qu'un automate, mû par l'égoïsme, luttant sans cesse, subissant les influences ancestrales et masquant ses instincts féroces sous un vernis hypocrite de moralité. Mais, quoi que pense Le Dantec, qui voudrait établir que la loi de la transformation de l'énergie enlève à l'homme toute liberté d'action, on ne peut pas aller jusqu'à nier la fonction psychique, la conscience et la volonté.

Certes, la guerre atroce, à laquelle certains peuples ont dû participer malgré eux, a démontré la faillite presque complète de la liberté et de la véritable morale; la fragilité de toutes les règles d'humanité, de tous les préceptes altruistes qui doivent être à la base de l'édifice social; mais notre faculté psychique dirigée par une éducation rationnelle vers le progrès, combattant l'égoïsme exagéré et tendant à l'association de tous en vue de l'avancement de l'humanité, révélera l'existence d'une morale scientifique en opposition aux formules décevantes du rationalisme à outrance.

L'atavisme et l'éducation ont tellement ancré l'idée religieuse, l'idole de l'Autorité, qu'il est presque impossible d'en affranchir les peuples. Les cellules cérébrales d'esprits avancés mêmes ne parviennent pas toujours à se libérer entièrement du culte du Souverain. Des socialistes allemands l'ont prouvé.

Par le spiritualisme, les croyances, la littérature vague, le romantisme, on berce les peuples dans le dédain du bon sens et de la vie réelle, on fausse leur mentalité. Les pauvres villageois se prosternent devant les autels chrétiens, invoquant Dieu et la Patrie, alors que leur véritable religion n'est que celle du culte du Veau d'Or; par leur ignorance et leur direction morale hypocrite, ils affichent extérieurement des sentiments qu'ils n'ont pas ; ils restent fourbes et n'entendent guère les cris d'effroi de la raison ! Au lieu d'envoyer à ces braves gens des missionnaires aux théories surnaturelles ou de faux prophètes politicailleurs qui leur détournent l'esprit de la réalité, qu'on leur organise donc de bonnes écoles générales et professionnelles ainsi que de solides œuvres post-scolaires pour les instruire, les éclairer sur leurs travaux journaliers et leur rôle social, afin de les élever à de plus sains horizons !

> Prophète échevelé, dont le fougueux délire
> Enflamme les niais et les lance à l'assaut
> Des paradis falots qu'à leurs yeux tu fais luire,
> Tu ne me verras pas parmi ton vil troupeau :
> Je hais également l'apôtre et le badaud,
> Le butor grave et gras, l'aspirant au martyre,
> Je ris de tous ces fous qui ne savent pas rire.

Non, ils ne savent pas rire, ils ricanent parfois. On laisse trop le peuple dans l'ignorance au lieu de l'émanciper par l'instruction éducative ; parfois on excite et on exploite son mécontentement, on le révolte, alors que l'éducation, la lumière et la justice seules peuvent amener le calme et le bonheur dans les cœurs.

Les idées seules sont aptes à dominer le monde ; mais il faut des idées saines et justes et non les chimères des hallucinés qui, hélas ! fanatisent trop souvent les hommes. C'est au nom des plus décevantes idées chimériques que le monde a été souvent bouleversé, que des civilisations qui semblaient impérissables ont été détruites et que d'autres ont été fondées.

Ce sont encore de faux prophètes qui, souvent comme les hallucinés et les convaincus conduisent le monde trop naïf, ont dévoyé le peuple allemand pour le précipiter vers l'abîme.

Bismarck et le militarisme excessif des Hohenzollern, le régime autocratique basé sur la prépondérance des hobereaux, le culte de la force brutale et des privilèges de naissance, l'oppression de la pensée, de même que le mépris de la véritable valeur des individus, n'ont-ils pas peu à peu radicalement transformé la conscience allemande qui s'oriente aujourd'hui si péniblement vers un autre idéal ?

Le militarisme, l'entretien d'armements homicides développent dans un peuple les mauvais instincts.

Il n'est pas douteux qu'après ces années de carnage, le respect de la vie humaine et la moralité aient subi de graves atteintes. Il importe d'en préserver nos peuples. C'est l'œuvre de l'idéal social, l'œuvre de l'éducation future.

La France, cet éternel foyer de lumière, de liberté et de générosité, nous en tracera la voie.

Le malaise moral d'aujourd'hui, après la plus horrible des guerres, est encore accentué par la difficulté matérielle croissante de la vie, qui n'est, en grande partie, que le résultat de l'incurie et de la mauvaise organisation sociale.

La désillusion produite par un traité de paix qui n'apporte aux peuples qu'un régime pacifique précaire, les abus d'un mercantilisme audacieux et révoltant qui maintiennent et aggravent chaque jour l'intolérable cherté de la vie, la sensation qu'on a des fraudes et des désertions par lesquelles trop de privilégiés éludent les sacrifices fiscaux rendus nécessaires par la situation financière actuelle, la perspective de trop d'impôts indirects frappant les plus nombreux et les plus pauvres, l'impuissance ou la mauvaise volonté des gouvernants à instituer les grandes nationalisations qui seules permettraient de réaliser, avec le minimum d'injustice, l'équilibre matériel nécessaire, tout cela contribue à entretenir un état de mécontentement et un malaise qui trouvent· leur exutoire et leur expression dans les agitations, dans un véritable conflit fratricide de l'heure présente.

Ce malaise suscite la critique aiguë qui est comme un prélude révolutionnaire en sourdine, parce que, aussi longtemps que la vie restera chère, l'inquiétude persistera dans les esprits. La dure réalité, saisissant les gens au ventre, force les cerveaux à s'ouvrir, à sentir, à réfléchir, à comprendre.

N'est-il pas sage de rappeler que la Révolution de 1789 fut, en partie, le fait des paysans et des citadins qu'on affamait?

Le remède réside dans une meilleure direction des forces en vue d'une organisation plus intelligente, plus équitable.

De quelque manière que l'on observe le problème, on peut affirmer que l'apaisement qui suit le conflit européen est anormal parce que le résultat de ce conflit est tronqué; et la société reste en gestation d'œuvres nouvelles, plus adéquates à ses aspirations et à son noble esprit de sacrifice et de dévouement.

Le vrai patriotisme n'est pas un déploiement de bannières ou de phrases; il exige des actes mettant le bien collectif avant l'intérêt particulier.

Les peuples ont les dirigeants qu'ils méritent. S'ils ont eu la guerre, c'est qu'ils l'ont préparée; et malheureusement, ils ne cessent de la préparer encore, quoique la victoire sur le monstre militariste allemand n'ait été obtenue que par l'idéal de l'extermination de tout militarisme. On dirait que les peuples n'ont pas eu assez de sang qu'ils en redemandent.

L'humanité actuelle n'est pas alléchante. Les médiocres et les méchants en forment la très grande partie.

> Et mon esprit enfin n'est pas plus étonné
> De voir un homme fourbe, injuste, intéressé,
> Que de voir des vautours affamés de carnage,
> Des singes malfaisants et des loups pleins de rage.

Certes, l'hypocrite et injuste organisation sociale, résultat de l'égoïsme et de l'orgueil, mais aussi de la mauvaise direction des hommes, y est pour beaucoup. Et, pour cela, il faut, avec l'instrument de l'éducation à notre disposition, construire, sur la base de l'ancienne pédagogie détruite, un édifice nouveau où seront cultivés la santé, la force, la beauté, la justice et le bonheur.

L'espérance du bonheur sous toutes ses formes anime les mortels. Mais il faut élever l'idée du bonheur basé non sur la jouissance et les richesses matérielles, mais sur l'altruisme, sur les satisfactions invincibles que nous procure le travail fécond et désintéressé et sur le dévouement au profit d'autrui.

Rien n'est plus destructeur des qualités élevées que la fortune héréditaire. L'héritage illimité est d'ailleurs un anachronisme. Si les biens de la pensée deviennent publics, les biens matériels doivent insensiblement le devenir aussi.

Tout ce qu'il y aura de bon et de grand sortira toujours des rangs des pauvres.

Il faut créer de nouvelles générations capables de réagir contre le patrimoine funeste des siècles.

Il faut donner aux pays des énergies saines, viriles, celles du travail manuel, de la pensée, de la liberté et du droit.

C'est l'éducation seule qui peut créer ces générations viriles, mais l'éducation forte, active, stimulante, faisant de tout être humain un homme d'action.

La question sociale ne peut se résoudre efficacement sans l'éducation des masses.

« Si la vie est le champ, la semence est en nous. »

Il faut assurer la germination de la semence, afin de réaliser l'épanouissement complet de tous les cerveaux en vue d'une existence plus ample et plus belle.

Actuellement, chaque citoyen doit s'élever à la culture et au bonheur.

> Aussi, pour édifier ta nouvelle maison,
> Peuple, il faut que la claire et sereine Raison
> Pénètre ton esprit, t'illumine et te guide,
> Et que ta main soit ferme et ton regard lucide.

En général, on ne saisit pas assez la véritable importance de l'éducation par l'école, on discute le plus souvent, à côté, des détails mal conçus et mal interprétés, et les politiciens profanes font trop souvent de l'école l'enjeu principal de la lutte des partis, alors que ce sublime temple de l'émancipation de tous ne doit pas être mêlé à l'atmosphère délétère de la politique.

L'école est sans conteste le grand élément du progrès individuel et social; sa puissance morale grandira surtout, au fur et à mesure qu'elle s'adaptera mieux à la psychologie et aux nécessités humaines et qu'elle se dégagera du caractère traditionnel et artificiel actuel pour adopter des méthodes éducatives rationnelles.

La première partie de l'éducation est L'ACTION, *la seconde,* L'ACTION *et la troisième,* L'ACTION.

Nous avons visité, il y a une dizaine d'années, .à Etterbeek, la classe d'un instituteur d'élite, M. Decleene, qui était autorisé par son Administration à faire un essai d'enseignement basé sur le travail manuel. Cette classe était bien plus intéressante que toute autre; il y avait de la vie, de l'intérêt, des progrès remarquables. Malheureusement, M. Decleene manquait de ressources suffisantes.

Pour faire un tel essai et pour obtenir des résultats définitifs, il ne faut pas seulement des éducateurs capables, il faut des installations appropriées et tous les moyens matériels nécessaires. Il faudrait trouver, comme aux États-Unis, des administrations éclairées ou des philanthropes riches comprenant la portée sociale de la réforme et ne reculant devant aucune dépense pour la réaliser.

Après le triomphe du droit sur la force, de la civilisation sur la barbarie. un monde nouveau doit sortir de la grande tourmente; la vraie victoire ira aux nations qui sauront le mieux travailler; les anciens régimes où triomphaient l'incompétence, le favoritisme et l'injustice sont à jamais condamnés, et il faut puiser dans les excès du fléau de quoi construire une société meilleure. Il faut briser impitoyablement les préjugés de race, de sexe, de caste, de religion et d'impérialisme; il faut rompre avec les errements qui ont coûté aux peuples tant de sacrifices : les classes possédantes doivent, sous peine de mort, faire d'importantes concessions; les prolétaires, manuels et intellectuels, dont le nombre et la misère sont infinis, de leur côté, doivent s'unir, se solidariser, s'instruire, se perfectionner, se montrer dignes d'être des hommes d'ordre et de progrès; les gouvernants doivent s'atteler d'arrache-pied aux problèmes sociaux et économiques, au relèvement des ruines, à la reconstitution de toutes les activités productrices, au dégrèvement total des charges militaires, au renouvellement des méthodes bureaucratiques archaïques, et surtout à la réforme de l'éducation de l'enfance par l'instauration de nouvelles écoles plus rationnelles, plus libres, plus gaies, *basées sur l'activité manuelle*, étudiant les choses par les choses, les êtres dans leur milieu, révélant et repérant bien les aptitudes, afin d'augmenter le capital humain et le bonheur des peuples.

L'école basée sur l'activité manuelle est l'école de l'avenir.

Conduire l'enfant comme par la main, de l'éducation du système musculaire à celle du système nerveux et des sens, de celle des sens aux notions, des notions aux idées, des idées à la moralité, est le véritable rôle de l'éducation rationnelle.

Cette éducation donnant plein épanouissement à la personne humaine répandra des semences d'énergie qui germeront fécondes et prépareront une moisson riche et prospère de virilité et de bonheur.

Aujourd'hui, après ces terribles années de carnage insensé, que le règne de raison chassant celui de la folie sanguinaire, l'âge de la concorde, de l'amour, succédant à celui de la haine, dût être enfin venu, et avec lui l'instauration d'une meilleure Humanité, il importe de mieux préparer ses membres à une vie plus saine, plus ample, plus belle, plus charitable surtout aux petits et aux humbles.

Lazare ne veut plus seulement les miettes du festin, il veut place à la table.

L'idée conductrice actuelle, si l'on veut que l'ère présente ouvre le règne immortel du droit et de la paix des peuples, doit être une idée d'humanité, l'idée démocratique internationale et qui ne tient plus, en attendant mieux, les frontières que pour des démarcations administratives.

Les horribles progrès accomplis en cinq ans par l'art de tuer, pour l'assassinat collectif, seront vite dépassés par le progrès social. La renaissance du monde est à ce prix. La montagne des morts crierait inlassablement vengeance, si les hommes n'acceptaient pas, des immolés eux-mêmes, la loi de fraternel amour qui établit l'empire de la justice.

Le maintien des alliances de guerre doit, sans arrière-projet, édifier la Paix pour le relèvement des ruines consommées. La Société des Nations a mandat, dès aujourd'hui, de prévenir les mauvaises ambitions.

Depuis la décapitation de la pieuvre militariste, — dont les tentacules conservent malheureusement la vie — espérons que les milliards dépensés jusqu'ici en vils instruments de carnage et au dressage des hommes pour 'la guerre, serviront dorénavant à l'œuvre rénovatrice de l'éducation de tous, en vue du bien-être, de la joie et de la félicité.

Espérons que les sages législateurs de tous les pays voteront bientôt une loi générale décrétant la destruction de tous les engins de guerre existants et la défense absolue d'en fabriquer encore à l'avenir !

Pourquoi tuer, pourquoi le carnage et la proie,
Quand si chétive encore est l'œuvre de nos mains,
Quand, pour donner enfin au monde un peu de joie,
Ce ne sera pas trop de tout l'effort humain ?

La force et la grandeur d'une nation ne consis-
teront jamais dans ses armées et dans ses flottes,
mais dans son idéal et son éducation.

L'œuvre de la *réforme indispensable de l'éducation* semble d'autant plus s'imposer au moment du
remous social actuel, où la plupart des pays ont à
se refaire et à poser les bases d'une reconstitution
économique.

Le problème de l'éducation rationnelle est le
problème social le plus élevé, là, où chacun doit
se rendre utile et donner quelque chose de sa
valeur à la collectivité; là, où l'homme et la
femme sont estimés seulement d'après l'effort
personnel qu'ils font pour être utiles à la masse;
là, où l'homme dit du monde, cet avatar grotesque
de nos sociétés élégamment matérialistes, n'a plus
de raison d'être; là, où les premiers postes revien-
nent aux plus méritants; là, où le Droit n'est pas
un vain mot, où il est égal pour tous et où il prime
toujours la Force; là, où le mot *civilisation* ne
sera plus en opposition avec l'appétit des jouissances et la sensibilité aux souffrances d'autrui;
là, où l'extrême indigence aura cessé d'exister à
côté de l'orgueilleuse opulence; là, enfin, où les
spectacles odieux et horribles suscités par le maintien d'anciennes formes sociales seront définitivement supprimés.

Alors aussi, quand la vie sera respectée et l'être
humain estimé plus haut que l'argent, l'éducateur
deviendra l'agent social le plus important, le pivot
de la société, parce que c'est lui qui formera des
hommes forts de corps, d'esprit et de volonté et qui

réduira à sa plus simple expression le Code pénal.

> Et alors dis à tous, éducateur des hommes,
> Qu'il serait temps de vivre en frères que nous sommes,
> Las enfin de nous égorger ;
> Inspire-nous l'horreur de la lutte farouche
> Où nous nous arrachons les morceaux de la bouche,
> Au lieu d'apprendre à partager !

La paix, comme la guerre, sont tributaires de la science ; malheureusement, jusqu'ici, la seconde en a profité plus largement que la première : le génie humain s'est plus efforcé à perfectionner l'art de tuer l'homme que celui de l'élever et de le perfectionner. Même actuellement que le capital d'énergie humaine a si notablement diminué par suite de la disparition de millions d'êtres jeunes dont les cerveaux contenaient tant de génie, on se doute si peu de la richesse qu'une nation trouverait dans un emploi scientifique des aptitudes bien développées aux œuvres de la paix !

> O paix ! source de tout bien,
> Viens retremper cette terre,
> Et fais qu'il n'y reste rien
> Des images de la guerre.
>
> Que l'éducation de tous,
> Libre, ample et virile,
> Transforme l'enfant qui pousse,
> En homme fort, sage et docile !

Au moment de terminer l'impression de ce livre, nous lisons dans les journaux que, d'après les déclarations de personnalités en vue, il y aura de nouveau une guerre dans quinze ans ! C'est là un langage criminel. Aux vainqueurs et à la Société des Nations d'imposer la défense absolue de fabriquer encore des canons et d'autres engins meurtriers ; sinon, il faut désespérer de l'Humanité.

TABLE DES MATIÈRES

Iᵉʳ CHAPITRE

IIᵉ CHAPITRE

IIIᵉ CHAPITRE

La biologie comme base de la pédagogie. — Eléments du moteur humain. — Le mouvement comme facteur essentiel de l'éducation. — Nature de la fatigue. — Moyens de la modérer. — Le repos. — Tableau des matières d'après le degré de fatigue. — Il faut combattre l'immobilité, la contrainte scolaires et modifier le régime actuel. — L'activité manuelle comme base de l'éducation.

IVᵉ CHAPITRE

Comment on construit encore les écoles. — Où et comment elles doivent être édifiées. — Leur tenue hygiénique. — L'école doit s'établir de préférence en plein air.

Vᵉ CHAPITRE

L'éducation est évolutive. — Son action est à l'école. — Tous les hommes doivent être éduqués en vue de la société démocratique. — L'école doit être réelle, pratique et en rapport avec les exigences actuelles. — Elle reste trop dogmatique. — Il faut la modifier dans le sens de l'action par l'Etat, les maîtres et les parents.

VIᵉ CHAPITRE

Véritable but de l'éducation complète. — Mauvais résultats d'une éducation insuffisante ou

No 584. — Brux. Impr. J. Lebègue & Cie, imp. du Sureau, 7.